AF315757

DES TROPES

OU

DES DIFERENS SENS

DANS LESQUELS

On peut prendre un mème mot
dans une mème langue.

Ouvrage utile pour l'intelligence des Auteurs,
& qui peut fervir d'introduction à la
Rhétorique & à la Logique.

Par M. DU MARSAIS.

A PARIS,

Chez la Veuve de JEAN-BATISTE BROCAS,
rue Saint Jaques, au Chef Saint Jean.

___

MDCCXXX.

AVEC APROBATION ET PRIVILEGE.

On vend chez le même Libraire l'Exposition de la Méthode raisonée pour aprendre la Langue latine, & les Réponses aux objections. Le prix est de 24. sous, broché.

On vend aussi la Préface générale de la Grammaire, avec LES REFLEXIONS sur la méthode d'enseigner selon M. Rollin, dix sous.

AVERTISSEMENT.

JE suis perfuadé par des expérien-
ces réitérées, que la méthode la
plus facile & la plus fure pour comencer à aprendre le latin, c'eft de
fe fervir d'abord d'une interprétation
interlineaire, où la conftruction foit
toute faite, & où les mots fous-en-
tendus foient fupléés. J'fpère doner
bientot au public quelques unes de
ces traductions.

Mais, quand les jeunes gens font
devenus capables de réflexion , on
doit leur montrer les règles de la
Grammaire, & faire avec eux les obfervations grammaticales qui font né-
ceffaires pour l'intelligence du texte
qu'on explique. C'eft dans cette vue
que j'ai compofé une Grammaire où
j'ai raffemblé ces obfervations.

Je divife la Grammaire en fept
parties, c'eft-à-dire, que je penfe que

ã ij

les obſervations que l'on peut faire ſur les mots, entant que ſignes de nos penſées, peuvent être réduites ſous ſept articles, qui ſont :

I. La conoiſſance de la propoſi-tion & de la période, entant qu'elles ſont compoſées de mots, dont les terminaiſons & l'arangement leur font ſignifier ce qu'on a deſſein qu'ils ſignifient :

II. L'Orthographe :

III. La Proſodie, c'eſt-à-dire, la partie de la Grammaire, qui traite de la prononciation des mots, & de la quantité des ſylabes :

IV. L'Etymologie.

V. Les préliminaires de la Syntaxe : j'apèle ainſi la partie qui traite de la nature des mots & de leurs proprié-tés grammaticales, c'eſt-à-dire, des nombres, des genres, des perſones, des terminaiſons, elle contient ce qu'on apèle les Rudimens :

VI. La Syntaxe :

VII. Enfin la conoiſſance des diférens ſens dans lesquels un mème
mot eſt employé dans une mème langue. La conoiſſance de ces diférens
ſens eſt néceſſaire, pour avoir une
véritable intelligence des mots, entant que ſignes de nos penſées : ainſi
j'ai cru qu'un traité ſur ce point apar-
tenoit à la Grammaire ; & qu'il ne
faloit pas atendre que le⸗ enfans euſ-
ſent paſſé ſept ou huit ans dans l'é-
tude du latin, pour leur aprendre ce
que c'eſt que le ſens propre & le ſens
figuré, & ce qu'on entend par Métaphore ou par Métonymie.

On ne peut faire aucune queſtion
ſur les mots, qui ne puiſſe être rédui-
te ſous quelqu'un de ces ſept articles.
Tel eſt le plan que je me ſuis fait,
il y a long-tems, de la Grammaire.

Mais, quoique ces diférentes parties ſoient liées entre elles, de telle
ſorte qu'en les réuniſſant toutes en-

femble, elles forment un tout qu'on apèle *Grammaire*; cependant chacune en particulier ne fupose néceffaire-ment que les conoiffances qu'on a aquifes par l'ufage de la vie. Il n'y a guère que les préliminaires de la fyn-taxe qui doivent précéder néceffai-rement la fyntaxe ; les autres parties peuvent aler affez indiférament l'une avant l'autre : ainfi cette partie de Grammaire que je done aujourd'hui, ne fupofant point les autres parties, & pouvant facilement y être ajoutée, doit être regardée come un traité particulier fur les tropes & fur les di-férens fens dans lefquels on peut pren-dre un même mot.

Nous avons des traités particuliers fur l'orthographe, fur la profodie, ou quantité , fur la fyntaxe, &c : en voici un fur les tropes.

On me dira peut-être que je m'a-rête ici quelquefois à des chofes trop

aifées & trop comunes;mais les jeunes
gens ne viènent point dans le monde avec la conoiffance de ces chofes
aifées & comunes ; ils ont befoin de
les aprendre, s'ils veulent paffer à
la conoiffance de celles qui font
plus dificiles & plus élevées.

D'autres, au contraire, trouveront
que ce traité contient des réflexions
qui font au deffus de la portée des
jeunes gens ; mais je les fuprie d'obferver que j'adreffe ma Grammaire
aux Maitres. Je crois les maitres né-
ceffaires pour les raifons que j'explique dans la préface générale de la
Grammaire. Mon objet eft que les
maitres trouvent dans cet ouvrage les
réflexions & les exemples dont ils
peuvent avoir befoin, fi ce n'eft pour
eux-mêmes, au moins pour leurs élè-
ves. C'eft enfuite aux maitres à régler
l'ufage de ces réflexions & de ces
exemples, felon les lumières, les ta-

lens & la portée de leurs disciples. C'eſt une réflexion que je prie le Lecteur de ne point perdre de vue, s'il veut entrer dans ma pensée.

Au reſte, je rapèle quelquefois dans ce traité certains points, en diſant que j'en ai parlé plus au long ou dans la ſyntaxe ou dans quelqu'autre partie de la Grammaire, on doit me pardoner de renvoyer ainſi à des ouvrages qui ne ſont point encore imprimés, parce qu'en ces ocaſions je ne dis rien qu'on ne puiſſe bien entendre ſans avoir recours aux endroits que je rapèle, j'ai cru que puisque les autres parties ſuivront celle-ci, il y auroit plus d'ordre & de liaiſon entre elles, à ſupoſer pour quelque tems ce que j'eſpère qui arivera.

ERRATA.

JE ne crois pas qu'il y ait des fautes typographiques dans cet ouvrage par l'attention des
Imprimeurs, ou s'il y en a elles ne font pas bien
confidérables. Cependant, come il n'y a point
encore en France de manière uniforme d'écrire,
je ne doute pas que chacun, felon fon parti, ne
trouve ici un grand nombre de fautes.

Mais, 1. mon cher Lecteur, avez-vous jamais médité fur l'Orthographe? Si vous n'avez point fait de
réflexions férieufes fur cette partie de la Grammai-
te, fi vous n'avez qu'une orthographe de hazard &
d'habitude, permettez - moi de vous prier de ne
point vous arêter à la manière dont ce livre eft orto-
graphié, vous vous y acoutumerez infenfiblement.

2. Etes-vous partifan de l'anciène orthographe?
Prenez donc la peine de mettre des lettres doubles
qui ne fe prononcent point, dans tous les mots
que vous trouverez écrits fans ces doubles lettres.
Ainfi, quoique felon vos principes il faille avoir
égard à l'étimologie en écrivant, ajoutez une *m*
à *home*, quoiqu'on prononce *ho - me*, & que ce
mot viène du latin *homo*. Ajoutez auffi une *m* à
come, quoiqu'il fe prononce come *Rome*, & qu'il
viène de l'italien *come*, ou de l'espagnol *como*, ou du
latin *quómodo* : Enfin, mettez des lettres doubles à
perfone, quoiqu'il viène de *perfóna*; à *doner*, qui
vient de *donáre*; à *honeur*, qui vient de *honor*; à *na-*
turèle, qui vient de *naturális*, &c.

On vous dira peut-être que les lettres font des
fignes, que tout figne doit fignifier quelque chofe,
qu'ainfi une lettre double qui ne marque ni l'éti-

mologie , ni la prononciation d'un mot eſt un ſi‑
gne qui ne ſignifie rien; n'importe: ajoutez-les tou‑
jours , ſatisfaites vos yeux , je ne veux rien qui
vous bleſſe ; & pourvu que vous vous doniez la
peine d'entrer dans le ſens de mes paroles , vous
pouvez faire tout ce qu'il vous plaira des ſignes qui
ſervent à l'exprimer.

Vous me direz peut-être que je me ſuis écarté
de l'uſage : mais je vous ſuplie d'obſerver , 1°.
Que je n'ai aucune manière d'écrire qui me ſoit par‑
ticulière , & qui ne ſoit autoriſée par l'exemple de
pluſieurs auteurs de réputation.

2. Le P. Buſier prétend même que le grand
nombre des Auteurs ſuit aujourd'hui la nouvèle
orthographe, c'eſt-à-dire qu'on ne ſuit plus exacte‑
ment l'anciène. *J'ai trouvé la nouvèle orthographe* ,
dit-il , (Gramm. Franç. pag. 388.) *dans plus des*
deux tiers des livres qui s'impriment depuis dix ans.
Le P. Buſier nome les Auteurs de ces livres. Le P.
Sanadon ajoute que depuis la ſuputation du P. Bu‑
ſier le nombre des partiſans de la nouvèle orthogra‑
phe *s'eſt beaucoup augmenté & s'augmente encore tous*
les jours. (Poéſies d'Horace. Préface , page XVII.)
Ainſi , mon cher Lecteur , je conviens que je m'é‑
loigne de votre uſage ; mais ſelon le P. Buſier & le
P. Sanadon , je me conforme à l'uſage le plus ſuivi.

3. Etes vous partiſan de la nouvèle orthographe?
Vous trouverez ici à réformer.

Le parti de l'anciène orthographe & celui de la
nouvèle ſe ſubdiviſent en bien des branches , de
quelque côté que vous ſoyez , retranchez ou ajou‑
tez toutes les lettres qu'il vous plaira & ne me
condânez qu'après que vous aurez vu mes raiſons
dans mon traité de l'orthographe.

DES TROPES

OU

DES DIFERENS SENS

Dans lesquels on peut prendre un même
mot dans une même langue.

PREMIERE PARTIE

Des Tropes en général.

ARTICLE PREMIER.

Idée générale des Figures.

VANT que de parler des Tropes
en particulier, je dois dire un mot
des figures en général ; puisque les
Tropes ne sont qu'une espéce de figures.

On dit comunément que *les figures sont des
maniéres de parler éloignées de celles qui sont naturéles & ordinaires : que ce sont de certains tours &
de certaines façons de s'exprimer, qui s'éloignent en*

A

quelque chofe de la maniére comune & fimple de parler : ce qui ne veut dire autre chofe, finon que les Figures font des maniéres de parler éloignées de celles qui ne font pas figurées, & qu'en un mot les Figures font des Figures, & ne font pas ce qui n'eft pas Figures.

D'ailleurs, bien loin que les Figures foient des maniéres de parler éloignées de celles qui font naturéles & ordinaires, il n'y a rien de fi naturel, de fi ordinaire, & de fi comun que les Figures dans le langage des homes. M. de Bretteville après avoir dit que *les Figures ne font autre chofe que de certains tours d'expreffion & de penfée dont on ne fe fert point comunément,* ajoute » qu'il n'y a rien de fi aifé & de fi » naturel. J'ai pris fouvent plaifir, dit-il, à en-» tendre des payfans s'entretenir avec des Fi-» gures de difcours fi variées, fi vives, fi éloi-» gnées du vulgaire, que j'avois honte d'a-» voir fi long-tems étudié l'éloquence, voyant » en eux une certaine Rhétorique de nature » beaucoup plus perfuafive, & plus éloquente » que toutes nos Rhétoriques artificiéles. «

En éfet, je fuis perfuadé qu'il fe fait plus de Figures un jour de marché à la Halle, qu'il ne s'en fait en plufieurs jours d'affemblées académiques. Ainfi, bien loin que les Figures

Eloq. de la Chaire & du Barreau. L. III. ch. I.

s'éloignent du langage ordinaire des homes, ce seroient au contraire les façons de parler sans Figures qui s'en éloigneroient, s'il étoit possible de faire un discours où il n'y eut que des expressions non figurées. Ce sont encore les façons de parler recherchées, les Figures déplacées, & tirées de loin, qui s'écartent *de la maniére comune & simple de parler ;* come les parures afectées s'éloignent de la maniére de s'habiller, qui est en usage parmi les honêtes gens.

Les Apôtres étoient persécutés, & ils soufroient patienment les persécutions : Qu'y a-t'il de plus naturel & de moins éloigné du langage ordinaire, que la peinture que fait S. Paul de cette situation & de cette conduite des Apôtres ? » On nous maudit, & nous » benissons : on nous persécute, & nous sou- » frons la persécution : on prononce des » blasphémes contre nous, & nous répon- » dons par des priéres. « Quoiqu'il y ait dans ces paroles de la simplicité, de la naïveté, & qu'elles ne s'éloignent en rien du langage ordinaire ; cependant elles contiènent une

* Maledícimur, & benedícimus : persecutiónem pátimur, & sustinémus : blasphemámur, & obsecrámus. *1. Cor. c.* 4. *v.* 12.

fort belle Figure qu'on apèle *antithèse*, c'est-à-dire, opofition : *maudire* est opofé à *benir :* *perfécuter* à *foufrir : blafphèmes* à *priéres.*

Il n'y a rien de plus comun que d'adreffer la parole à ceux à qui l'on parle, & de leur faire des reproches quand on n'eft pas content de leur conduite. * *O Nation incrédule &* *méchante !* s'écrie Jefus-Chrift, *jufques à quand* *ferai-je avec vous ! Jufques à quand aurai-je à vous* *foufrir !* C'eft une Figure très-fimple qu'on apèle *apoftrophe.*

Oraif. fu-
neb. de M.
de Turène.
Exorde.

M. Flêchier au comencement de fon Oraifon funèbre de M. de Turène, voulant doner une idée générale des exploits de fon Hé_ros, dit » conduites d'armées, fiéges de pla-» ces, prifes de villes, paffages de riviéres, » ataques hardies, retraites honorables, cam-» pemens bien ordonés, combats foutenus, » batailles gagnées, énemis vaincus par la » force, diffipés par l'adreffe, laffés par une » fage & noble patience : Où peut-on trou-» ver tant & de fi puiffans éxemples, que » dans les actions d'un home, &c. «

Il me femble qu'il n'y a rien dans ces paroles qui s'éloigne du langage militaire le

---

* O generátio incrédula & pervérfa, Quo ufque ero vobifcum ! Quo ufque pâtiar vos ! *Matt. c.* 17. *v.* 16.

plus fimple ; c'eft là cependant une Figure qu'on apèle *congeries*, amas , affemblage. M. Fléchier la termine en cet éxemple, par une autre Figure qu'on apèle *interrogation*, qui eft encore une façon de parler fort triviale dans le langage ordinaire.

Dans l'Andriène de Térence, Simon fe croyant trompé par fon fils, lui dit, *Quid ais, omnium* … Que dis-tu le plus…. vous voyez que la propofition n'eft point entiére , mais le fens fait voir que ce pére vouloit dire à fon fils, *Que dis-tu le plus méchant de tous les homes ?* Ces façons de parler dans lefquelles il eft évident qu'il faut fupléer des mots , pour achever d'exprimer une penfée que la vivacité de la paffion fe contente de faire entendre , font fort ordinaires dans le langage des homes. On apèle cette figure *Ellipfe* , c'eft-à-dire, *omiffion.*

Il y a , à la vérité , quelques figures qui ne font ufitées que dans le ftile fublime : telle eft la *Profopopée*, qui confifte à faire parler un mort , une perfone abfente , ou même les chofes inanimées. » Ce tombeau s'ouvriroit , ces » offémens fe rejoindroient pour me dire : » Pourquoi viens-tu mentir pour moi , qui ne » mentis jamais pour perfone ? Laiffes-moi

Andr. act.
V. Sc. 3.
v. 1.

Oraif. fu-
nebre de M.
de Mon-
taufier.

A iij

» repoſer dans le ſein de la vérité, & ne viens
» pas troubler ma paix, par la flaterie que
» j'ai haïe. « C'eſt ainſi que M. Flêchier pré-
vient ſes auditeurs, & les aſſure, par cette
proſopopée, que la flaterie n'aura point de
part dans l'éloge qu'il va faire de M. le Duc
de Montauſier.

Hors un petit nombre de figures ſemblables, reſervées pour le ſtile élevé, les autres
ſe trouvent tous les jours dans le ſtile le plus
ſimple, & dans le langage le plus comun.

Qu'eſt-ce donc que les figures ? Ce mot ſe
prend ici dans un ſens métaphorique. *Figure*
dans le ſens propre, c'eſt la forme extérieure
d'un corps. Tous les corps ſont étendus, mais
outre cette propriété générale d'être étendus,
ils ont encore chacun leur figure & leur forme particuliére, qui fait que chaque corps
paroit à nos yeux diférent d'un autre corps :
il en eſt de même des expreſſions figurées,
elles font d'abord conoitre ce qu'on penſe ;
elles ont d'abord cette propriété générale qui
convient à toutes les phraſes & à tous les aſſemblages de mots, & qui conſiſte à ſignifier
quelque choſe, en vertu de la conſtruction
grammaticale ; mais de plus les expreſſions
figurées ont encore une modification particu-

liére qui leur eſt propre, & c'eſt en vertu de cette modification particuliére, que l'on fait une eſpéce à part de chaque ſorte de figure.

L'antithèſe, par exemple, eſt diſtinguée des autres maniéres de parler, en ce que dans cet aſſemblage de mots qui forment l'antithèſe, les mots ſont opoſés les uns aux autres ; ainſi quand on rencontre des exemples de ces ſortes d'opoſitions de mots, on les raporte à l'antithèſe.

L'apoſtrophe eſt diférente des autres figures, parce que ce n'eſt que dans l'apoſtrophe qu'on adreſſe tout d'un coup la parole à quelque perſone préſente, ou abſente, &c.

Ce n'eſt que dans la Proſopopée que l'on fait parler les morts, les abſens, ou les êtres inanimés : il en eſt de même des autres figures, elles ont chacune leur caraǎére particulier, qui les diſtingue des autres aſſemblages de mots, qui font un ſens dans le langage ordinaire des homes.

Les Grammairiens & les Rhéteurs ayant fait des obſervations ſur les diférentes maniéres de parler, ils ont fait des claſſes particuliéres de ces diférentes maniéres, afin de mettre plus d'ordre & d'arangement dans leurs réfléxions. Les maniéres de parler dans

lefquelles ils n'ont remarqué d'autre propriété que celle de faire conoitre ce qu'on
penfe, font apeléés fimplement *phrafes*, *ex-*
preffions, *périodes*; mais celles qui expriment
non feulement des penfées, mais encore des
penfées énoncées d'une manière particuliére
qui leur done un caractére propre, celles-là,
dis-je, font apelées *figures*, parce qu'elles pa-
roiffent, pour ainfi dire, fous une forme particuliére, & avec ce caractére propre qui les
diftingue les unes des autres, & de tout ce
qui n'eft que phrafe ou expreffion.

Caract. Des
ouvrag. de
l'efprit.

M. de la Bruyére dit » qu'il y a de certaines
» chofes dont la médiocrité eft infuportable:
» la poéfie, la mufique, la peinture, & le
» difcours public. « Il n'y a point là de figure ;
c'eft-à-dire, que toute cette phrafe ne fait autre
chofe qu'exprimer la penfée de M. de la Bruyére, fans avoir de plus un de ces tours qui ont un
caractére particulier : Mais quand il ajoute,
» Quel fuplice que d'entendre déclamer pom-
» peufement un froid difcours, ou pronon-
» cer de médiocres vers avec emphafe ! « C'eft
la même penfée ; mais de plus elle eft exprimée fous la forme particuliére de la furprife
de l'admiration, c'eft une figure.

Imaginez-vous pour un moment une mul-

titude de ſoldats, dont les uns n'ont que l'habit ordinaire qu'ils avoient avant leur enga-
gement, & les autres ont l'habit uniforme
de leur régiment : ceux-ci ont tous un habit
qui les diſtingue , & qui fait conoitre de
quel régiment ils ſont : les uns ſont habillés
de rouge, les autres de bleu, de blanc, de
jaune, &c. Il en eſt de même des aſſemblages
de mots qui compoſent le diſcours ; un lecteur inſtruit raporte un tel mot , une telle
phraſe à une telle eſpéce de figure, ſelon qu'il
y reconoit la forme , le ſigne, le caractére
de cette figure ; les phraſes & les mots, qui
n'ont la marque d'aucune figure particuliére,
ſont come les ſoldats qui n'ont l'habit d'aucun régiment : elles n'ont d'autres modifica-
tions que celles qui ſont néceſſaires pour faire
conoitre ce qu'on penſe.

Il ne faut point s'étoner ſi les figures, quand
elles ſont employées à propos, donent de la
vivacité, de la force, ou de la grace au diſcours ; car outre la propriété d'exprimer les
penſées, come tous les autres aſſemblages de
mots, elles ont encore, ſi j'oſe parler ainſi ,
l'avantage de leur habit, je veux dire, de leur
modification particuliére, qui ſert à réveiller
l'atention, à plaire, ou à toucher.

Mais, quoique les figures bien placées embélissent le discours, & qu'elles soient, pour ainsi dire, le langage de l'imagination & des passions ; il ne faut pas croire que le discours ne tire ses beautés que des figures. Nous avons plusieurs exemples en tout genre d'écrire, où toute la beauté consiste dans la pensée exprimée sans figure : Le pére des trois Horaces ne sachant point encore le motif de la fuite de son fils, aprend avec douleur qu'il n'a pas résisté aux trois Curiaces :

*　* Que vouliez-vous qu'il fît contre trois ?* lui dit Julie, *Qu'il mourut,* répond le pére.

** Dans une autre tragédie de Corneille, Prusias dit qu'en une ocasion dont il s'agit, il veut se conduire en *pére*, en *mari*. Ne soyez ni l'un ni l'autre, lui dit Nicoméde :

PRUSIAS

Et que dois-je être ?

NICOMEDE

Roi.

Il n'y a point là de figure, & il y a cependant beaucoup de sublime dans ce seul mot : voici un exemple plus simple.

* Corneille.
Horaces.
Act. III.
sc. 3.
** Id. Nicomede.
Act. IV.
sc. 3.

Envain , pour satisfaire à nos lâches envies,
Nous passons près des Rois tout le tems de nos vies,
A souffrir des mépris , à ployer les genoux:
Ce qu'ils peuvent n'est rien ; ils sont ce que nous
   somes ,
    Véritablement homes ,
    Et meurent come nous.

Malherbe.
L. 1.Para-
phr. du Ps.
CXLV.

Je pourois raporter un grand nombre d'exemples pareils, énoncés sans figure , & dont la pensée seule fait le prix. Ainsi, quand on dit que les figures embélissent le discours, on veut dire seulement, que dans les ocasions où les figures ne seroient point déplacées, le même fonds de pensée sera exprimé d'une maniére ou plus vive ou plus noble, ou plus agréable par le secours des figures, que si on l'exprimoit sans figure.

De tout ce que je viens de dire , on peut former cette définition des figures : LES FI-GURES sont des maniéres de parler distin-guées des autres par une modification par-ticuliére, qui fait qu'on les réduit chacune à une espéce à part , & qui les rend , ou plus vives, ou plus nobles, ou plus agréa-bles que les maniéres de parler, qui expri-ment le même fonds de pensée, sans avoir d'autre modification particuliére.

ARTICLE II.

Division des Figures.

ON divise les figures en figures de pensées, *figúræ sententiárum*, *Schémata*; & en
figures de mots, *figúræ verbórum*. Il y a cette
diférence, dit Ciceron, * entre les figures de
penfées & les figures de mots, que les figures
de penfées dépendent uniquement du tour de
l'imagination ; elles ne confiftent que dans
la maniére particuliére de penfer ou de fentir, enforte que la figure demeure toujours
la même, quoiqu'on viène à changer les
mots qui l'expriment : De quelque maniére
que M. Fléchier eût fait parler M. de Mon-
taufier dans la profopopée que j'ai raportée
ci-deffus, il auroit fait une profopopée : Au
contraire, les figures de mots font telles que
fi vous changez les paroles, la figure s'éva-
nouit ; par exemple, lorfque parlant d'une
armée navale, je dis qu'elle étoit compofée
de cent *voiles* ; c'eft une figure de mots dont

Σχῆμα,
ατος, for-
me, habit,
attitude.

* Inter conformatiónem verbórum & Sententiárum hoc
intereft, quòd verbórum tóllitur, fi verba mutáris, fententiárum pérmanet, quibufcúmque verbis uti velis. *Cic.
de Orat. L. III. n. 201. aliter LII.*

nous parlerons dans la suite ; *voiles* eſt là pour *vaiſſeaux* : que ſi je ſubſtitue le mot de *vaiſſeaux* à celui de *voiles*, j'exprime également ma penſée ; mais il n'y a plus de figure.

ARTICLE III.

Diviſion des figures de mots.

IL y a quatre diférentes ſortes de figures qui regardent les mots.

1°. Celles que les Grammairiens apèlent *figures de diction* : elles regardent les changemens qui arivent dans les lettres ou dans les ſylabes des mots ; telle eſt, par exemple, la ſyncope, c'eſt le retranchement d'une lettre ou d'une ſylabe au milieu d'un mot, *ſcuta virûm* pour *virórum*, &c.

2°. Celles qui regardent uniquement la conſtruction ; par exemple : lorſqu'Horace parlant de Cléopatre , dit *monſtrum , quæ* . . . nous diſons en françois *la plupart des homes diſent* , & non pas *dit* : On fait alors la conſtruction ſelon le ſens. Cette figure s'apèle *ſyllepſe*. J'aì traité ailleurs de ces ſortes de figures, ainſi je n'en parlerai point ici.

3°. Il y a quelques figures de mots , dans leſquelles les mots conſervent leur ſignifica-

L. 1. Od. 37 . v. 21.

tion propre, telle est la répétition, &c. C'est
aux Rhéteurs à parler de ces sortes de figures, aussi bien que des figures de pensées. Dans
les unes & dans les autres, la figure ne consiste point dans le changement de signification
des mots, ainsi elles ne sont point de
mon sujet.

4°. Enfin il y a des figures de mots qu'on
apèle *Tropes*, les mots prènent par ces figures
des significations diférentes de leur signification propre. Ce sont là les figures dont j'en-
treprens de parler dans cette partie de la
Grammaire.

ARTICLE IV.

Définition des Tropes.

LEs Tropes sont des figures par lesquelles
on fait prendre à un mot une signification, qui n'est pas précisément la signification propre de ce mot : ainsi pour entendre
ce que c'est qu'un trope, il faut comencer
par bien comprendre ce que c'est que la signification propre d'un mot ; nous l'expliquerons bien-tôt.

τροπῆ   Ces figures sont apelées *tropes* du grec *tropé*
τρέπω,   *convérsio*, dont la racine est *trepo*, verto, *je tour-*

ne. Elles font ainfi apelées, parce que quand on prend un mot dans le fens figuré, on le tourne, pour ainfi dire, afin de lui faire fignifier ce qu'il ne fignifie point dans le fens propre : *voiles* dans le fens propre ne fignifie point *vaiffeaux*, les voiles ne font qu'une partie du vaiffeau : cependant *voiles* fe dit quelquefois pour *vaiffeaux*, come nous l'avons déja remarqué.

Les tropes font des figures, puifque ce font des maniéres de parler, qui, outre la propriété de faire conoitre ce qu'on penfe, font encore diftinguées par quelque diférence particuliére, qui fait qu'on les raporte chacune à une efpéce à part.

Il y a dans les tropes une modification ou diférence générale qui les rend tropes, & qui les diftingue des autres figures : elle confifte en ce qu'un mot eft pris dans une fignification qui n'eft pas précifément fa fignification propre : mais de plus chaque trope difére d'un autre trope, & cette diférence particuliére confifte dans la maniére dont un mot s'écarte de fa fignification propre ; par exemple : *Il n'y a plus de Pyrénées*, dit Louis XIV. d'immortèle mémoire, lorfque fon petit-fils le Duc d'Anjou, aujourd'hui Philipe V. fut

apelé à la Courone d'Espagne. Louis XIV.
vouloit-il dire que les Pyrénées avoient été
abimées ou anéanties ? nulement : persone
n'entendit cette expression à la lettre, & dans
le sens propre : elle avoit un sens figuré. Boileau faisant allusion, à ce qu'en 1664. le Roi
envoya au secours de l'Empereur des troupes
qui défirent les Turcs, & encore à ce que Sa
Majesté établit la compagnie des Indes, dit :

<table>
<tr><td>Discours
au Roi.</td><td>Quand je vois ta sagesse . . . .
Rendre à l'*Aigle* éperdu sa premiere vigueur
La France sous tes loix maitriser la Fortune
Et nos vaisseaux domtant l'un & l'autre *Neptune*. .</td></tr>
</table>

Ni l'*Aigle* ni *Neptune* ne se prènent point là
dans le sens propre. Telle est la modification
ou diférence générale, qui fait que ces façons
de parler sont des tropes.

Mais quelle espéce particuliére de trope ?
cela dépend de la maniére dont un mot s'é-
carte de sa signification propre pour en prendre une autre. Les Pyrénées dans le sens propre sont de hautes montagnes qui séparent
la France & l'Espagne : *Il n'y a plus de Pyrénées,*
c'est-à-dire, plus de séparation, plus de division, plus de guerre : il n'y aura à l'avenir
qu'une

qu'une bone intelligence entre la France &
l'Espagne : c'est une métonymie du signe, ou
une métalepse : les Pyrénées ne seront plus
un signe de séparation.

L'Aigle est le symbole de l'Empire ; l'Empereur porte un aigle à deux têtes dans
ses armoiries : ainsi, dans l'exemple que
je viens de raporter, *l'aigle* signifie l'Allemagne. C'est le signe pour la chose signifiée :
c'est une métonymie.

Neptune étoit le Dieu de la mer, il est pris
dans le même exemple pour l'Ocean, pour
la mer des Indes orientales & occidentales:
c'est encore une métonymie. Nous remarquerons dans la suite ces diférences particuliéres qui font les diférentes espéces de tropes.

Il y a autant de tropes qu'il y a de maniéres
diférentes, par lesquelles on done à un mot
une signification qui n'est pas précisément la
signification propre de ce mot : *Aveugle* dans
le sens propre, signifie une persone qui est
privée de l'usage de la vue : si je me sers de
ce mot pour marquer ceux qui ont été guéris
de leur aveuglement, come quand Jesus- *Matt.*
Christ a dit, *les aveugles voient*, alors *aveugles* *XI.v. 5.*
n'est plus dans le sens propre, il est dans un
sens que les Philosophes apèlent *sens divisé :*

B

ce sens divisé est un trope, puisqu'alors *aveu-gles* signifie ceux qui ont été aveugles, & non pas ceux qui le font. Ainsi outre les tropes dont on parle ordinairement, j'ai cru qu'il ne seroit pas inutile ni étranger à mon sujet, d'expliquer encore ici les autres sens dans lesquels un même mot peut être pris dans le discours.

ARTICLE V.

Le traité des Tropes est du ressort de la Grammaire. On doit conoitre les Tropes pour bien entendre les Auteurs, & pour avoir des conoissances exactes dans l'art de parler & d'écrire.

AU reste ce traité me paroit être une partie essentièle de la Grammaire, puisqu'il est du ressort de la Grammaire de faire entendre la véritable signification des mots, & en quel sens ils font employés dans le discours.

Il n'est pas possible de bien expliquer l'auteur même le plus facile, sans avoir recours aux conoissances dont je parle ici. Les livres que l'on met d'abord entre les mains des començans, aussi-bien que les autres livres, sont pleins de mots pris dans des sens détournés

& éloignés de la premiére signification de ces mots ; par exemple :

Títyre, tu pátulæ, récubans sub tégmine fagi, Virg. Ecl.
Sylvéstrem, ténui, musam meditáris, avénâ.   I. V. I.

Vous méditez une Muse, c'est-à-dire, *une chanson, vous vous exercez à chanter.* Les Muses étoient regardées dans le Paganisme come les Déesses qui inspiroient les Poétes & les Musiciens, ainsi *Muse* se prend ici pour la chanson même, c'est la cause pour l'éfet, c'est une métonymie particuliére, qui étoit en usage en latin ; nous l'expliquerons dans la suite.

Avéna dans le sens propre, veut dire de *l'aveine,* mais parce que les Bergers se servirent de petits tuyaux de blé ou d'aveine pour en faire une sorte de flute, come font encore les enfans à la campagne ; delà par extension on a apelé *avéna* un chalumeau, une flute de Berger.

On trouve un grand nombre de ces sortes de figures dans le Nouveau Testament, dans l'Imitation de J. C. dans les fables de Phédre, en un mot, dans les livres mêmes qui sont écrits le plus simplement, & par lesquels on comence : ainsi je demeure toujours convaincu que cette partie n'eſt point étrangére à la Grammaire, & qu'un Grammairien doit avoir une conoiſſance détaillée des tropes.

Réponſe à une objection.

Je conviens, ſi l'on veut, qu'on peut bien parler ſans jamais avoir apris les noms particuliers de ces figures. Combien de perſones ſe ſervent d'expreſſions métaphoriques, ſans ſavoir préciſément ce que c'eſt que métaphore ? C'eſt ainſi qu'il y avoit plus de quarante ans que le Bourgeois-Gentilhome

Moliére bourg. gen-tilh. act. II. ſc. 4.

diſoit de la Proſe, ſans qu'il en ſut rien. Ces conoiſſances ne ſont d'aucun uſage pour faire un compte, ni pour *bien conduire une maiſon,*

Ibid. act. III. ſc. 3.

come dit Me. Jourdain, mais elles ſont utiles & néceſſaires à ceux qui ont beſoin de ſavoir l'art de parler & d'écrire ; elles mettent de l'ordre dans les idées qu'on ſe forme des mots ; elles ſervent à démêler le vrai ſens des paroles, à rendre raiſon du diſcours, & donent de la préciſion & de la juſteſſe.

Les Sciences & les Arts ne ſont que des obſervations ſur la pratique : l'uſage & la pratique ont précédé toutes les ſciences & tous les arts ; mais les ſciences & les arts ont enſuite perfectioné la pratique. Si Moliére n'avoit pas étudié lui-même les obſervations détaillées de l'art de parler & d'écrire, ſes pièces n'auroient

été que des pièces informes, où le génie, à la
vérité, auroit paru quelquefois : mais qu'on
auroit renvoyées à l'enfance de la Comédie :
fes talens ont été perfectionés par les obfervations, & c'eft l'art même qui lui a apris à
faifir le ridicule d'un art déplacé.

On voit tous les jours des perfones qui
chantent agréablement, fans conoitre les notes, les clés, ni les règles de la Mufique, elles
ont chanté pendant bien des années des *fol* &
des *fa*, fans le favoir; faut-il pour cela qu'elles
rejettent les fecours qu'elles peuvent tirer de
la Mufique, pour perfectioner leur talent.

Nos péres ont vêcu fans conoitre la circu-
lation du fang; faut-il négliger la conoiffance de l'Anatomie ? & ne faut-il plus étudier
la Phyfique, parce qu'on a refpiré pendant
plufieurs fiécles fans favoir que l'air eut de
la pefanteur & de l'élafticité ? Tout a fon
tems & fes ufages, & Molière nous déclare
dans fes préfaces, qu'il ne fe moque que des
abus & du ridicule.

ARTICLE VI.

Sens Propre, Sens Figuré.

AVant que d'entrer dans le détail de chaque Trope, il eſt néceſſaire de bien comprendre la diférence qu'il y a entre le ſens
propre & le ſens figuré.

Un mot eſt employé dans le diſcours, ou
dans le ſens propre, ou en général dans un
ſens figuré, quel que puiſſe être le nom que
les Rhéteurs donent enſuite à ce ſens figuré.

Le ſens propre d'un mot, c'eſt la première ſignification du mot : Un mot eſt pris dans le
ſens propre, lorſqu'il ſignifie ce pourquoi il
a été premiérement établi; par exemple : *Le
feu brûle, la lumière nous éclaire*, tous ces mots-
là ſont dans le ſens propre.

Mais, quand un mot eſt pris dans un autre
ſens, il paroit alors, pour ainſi dire, ſous une
forme empruntée, ſous une figure qui n'eſt
pas ſa figure naturèle, c'eſt-à-dire, celle qu'il
a eue d'abord; alors on dit que ce mot eſt au
figuré; par exemple : *Le feu de vos yeux, le
feu de l'imagination, la lumière de l'eſprit, la clarté d'un diſcours.*

Maſque dans le ſens propre, ſignifie une ſorte de couverture de toile cirée ou de quelque

autre matiére, qu'on se met sur le visage pour se déguiser ou pour se garantir des injures de l'air. Ce n'est point dans ce sens propre que Malherbe prenoit le mot de *masque*, lorsqu'il disoit qu'à la Cour il y avoit plus de masques que de visages : *masques* est là dans un sens figuré, & se prend pour *persones dissimulées*, pour ceux qui cachent leurs véritables sentimens, qui se démontent, pour ainsi dire, le visage, & prènent des mines propres à marquer une situation d'esprit & de cœur toute autre que celle où ils sont éfectivement.

Ce mot *voix*, (*vox*) a été d'abord établi pour signifier le son qui sort de la bouche des animaux, & surtout de la bouche des homes : On dit d'un home, qu'il a la voix mâle ou féminine, douce ou rude, claire ou enrouée, foible ou forte, enfin aiguë, flexible, grêle, cassée, &c. En toutes ces ocasions *voix* est pris dans le sens propre, c'est-à-dire, dans le sens pour lequel ce mot a été d'abord établi : mais quand on dit que *le mensonge ne sauroit étoufer la voix de la vérité dans le fond de nos cœurs*, alors *voix* est au figuré, il se prend pour *inspiration intérieure, remords*, &c. On dit aussi que *tant que le Peuple Juif écouta la voix de Dieu*, c'est-à-dire, tant qu'il obéït à ses comandemens,

B iiij

il en fut assisté. Les brebis entendent la voix du pas-
teur, on ne veut pas dire seulement qu'elles re-
conoissent sa voix & la distinguent de la voix
d'un autre home, ce qui seroit le sens propre;
on veut marquer principalement qu'elles lui
obéissent, ce qui est le sens figuré. *La voix du*
sang, la voix de la nature, c'est-à-dire, les mouvemens intérieurs que nous ressentons à l'ocasion de quelque accident arivé à un parent,
&c. *La voix du peuple est la voix de Dieu,* c'est-
à-dire, que le sentiment du peuple, dans les
matiéres qui sont de son ressort, est le véritable sentiment.

C'est par la voix qu'on dit son avis dans les
délibérations, dans les élections, dans les as-
semblées où il s'agit de juger ; ensuite, par extension, on a apelé *voix,* le sentiment d'un
particulier, d'un Juge ; ainsi en ce sens, *voix*
signifie *avis, opinion, sufrage : il a eu toutes les*
voix, c'est-à-dire, tous les sufrages ; *briguer les*
voix, la pluralité des voix ; il vaudroit mieux, s'il
étoit possible, *peser les voix que de les compter,*
c'est-à-dire, qu'il vaudroit mieux suivre l'avis
de ceux qui sont les plus savans & les plus
sensés, que de se laisser entrainer au sentiment
aveugle du plus grand nombre.

Voix signifie aussi dans un sens étendu, *gémisse-*

ment, priére. Dieu a écouté la voix de son peuple, &c.

Tous ces diférens sens du mot *voix*, qui ne font pas précifément le premier fens, qui feul eft le fens propre, font autant de fens figurés.

ARTICLE VII.

Réfléxions générales fur le Sens Figuré.

I.

Origine du Sens Figuré.

LA liaifon qu'il y a entre les idées acceffoires, je veux dire, entre les idées qui ont raport les unes aux autres, eft la fource & le principe des divers fens figurés que l'on done aux mots. Les objets qui font fur nous des impreffions, font toujours acompagnés de diférentes circonftances qui nous frapent, & par lefquelles nous défignons fouvent, ou les objets mêmes qu'elles n'ont fait qu'acompagner, ou ceux dont elles nous réveillent le fouvenir. Le nom propre de l'idée acceffoire eft fouvent plus préfent à l'imagination que le nom de l'idée principale, & fouvent auffi ces idées acceffoires, défignant les objets avec plus de circonftances que ne feroient les noms propres de ces objets, les peignent ou avec plus d'énergie, ou avec plus d'agrément. De-

là le figne pour la chofe fignifiée, la caufe
pour l'éfet , la partie pour le tout, l'antécédent pour le conféquent , & les autres fortes
de tropes dont je parlerai dans la fuite. Come l'une de ces idées ne fauroit être réveillée
fans exciter l'autre, il arive que l'expreffion
figurée eft auffi facilement entendue que fi
l'on fe fervoit du mot propre ; elle eft même
ordinairement plus vive & plus agréable
quand elle eft employée à propos, parce qu'elle réveille plus d'une image ; elle atache ou
amufe l'imagination & done aifément à deviner à l'efprit.

II.

Ufages ou éfets des Tropes.

1. Un des plus fréquens ufages des tropes
c'eft de réveiller une idée principale , par le
moyen de quelque idée acceffoire : c'eft ainfi
qu'on dit cent voiles pour cent vaiffeaux ; cent
feux pour cent maifons ; il aime la bouteille,
c'eft-à-dire, il aime le vin; le fer pour l'épée; la
plume ou le ftile pour la maniére d'écrire, &c.

2. Les tropes donent plus d'énergie à nos
expreffions. Quand nous fomes vivement frapés de quelque penfée , nous nous exprimons
rarement avec fimplicité; l'objet qui nous ocu-

pe se présente à nous, avec les idées accessoires qui l'acompagnent , nous prononçons les noms de ces images qui nous frapent, ainsi nous avons naturèlement recours aux tropes, d'où il arrive que nous fesons mieux sentir aux autres ce que nous sentons nous-mêmes : delà vièrent ces façons de parler , *il est enflamé de colére, il est tombé dans une erreur grossiére, flétrir la réputation , s'enivrer de plaisir*, &c.

3. Les Tropes ornent le discours. Mr. Fléchier voulant parler de l'instruction qui disposa M^r le Duc de Montausier à faire abjuration de l'héréfie , au lieu de dire simplement qu'il se fit instruire, que les ministres de J. C. lui aprirent les dogmes de la Religion Catholique , & lui découvrirent les erreurs de l'héréfie , s'exprime en ces termes : » Tombez » tombez, voiles importuns qui lui couvrez la » vérité de nos mistéres : & vous, Prêtres de » Jéfus-Chrift, prenez le glaive de la parole, » & coupez fagement jufqu'aux racines de » l'erreur , que la naiffance & l'éducation » avoient fait croître dans fon ame. Mais par » combien de liens étoit-il retenu ?

Outre l'Apostrophe , figure de penfée, qui fe trouve dans ces paroles, les Tropes en font le principal ornement : *Tombez, voiles , couvrez, prenez le glaive , coupez jusqu'aux racines , croître , liens , retenu :* toutes ces expressions sont autant de tropes qui forment des images, dont l'imagination est agréablement ocupée.

4. Les Tropes rendent le discours plus noble : les idées comunes ausquelles nous somes acoutumés, n'excitent point en nous ce sentiment d'admiration & de surprise , qui élève l'ame : en ces ocasions on a recours aux idées accessoires, qui prêtent , pour ainsi dire, des habits plus nobles à ces idées comunes : *Tous les homes meurent également ;* voilà une pensée comune : Horace a dit :

Liv. 1. od. 4.
Pállida mors , æquo pulsat pede páuperum tabérnas
Regúmque turres.

On sait la périphrase simple & naturèle que Malherbe a faite de ces vers.

La mort a des rigueurs à nulle autre pareilles ,
On a beau la prier

Malherb.
L. vi.
La cruèle qu'elle est se bouche les oreilles
Et nous laisse crier.

❄❄

Le pauvre en sa cabane , où le chaume le couvre ,
Est sujet à ses loix ,
Et la garde qui veille aux barières du Louvre ,
N'en défend pas nos Rois.

Au lieu de dire que c'eſt un Phénicien, qui a inventé les caractéres de l'écriture, ce qui ſeroit une expreſſion tròp ſimple pour la Poéſie, Brébeuf a dit :

> C'eſt de lui que nous vient cet art ingénieux
> De peindre la parole & de parler aux yeux,
> Et par les traits divers des figures tracées,
> Doner de la couleur & du corps aux penſées. *

Pharſale, Lib. III.

5. Les tropes ſont d'un grand uſage pour déguiſer des idées dures, deſagréables, triſtes, ou contraires à la modeſtie ; on en trouvera des exemples dans l'article de l'euphémiſme & dans celui de la périphraſe.

6. Enfin les tropes enrichiſſent une langue en multipliant l'uſage d'un même mot, ils donent à un mot une ſignification nouvèle, ſoit parce qu'on l'unit avec d'autres mots, auſquels ſouvent il ne ſe peut joindre dans le ſens propre, ſoit parce qu'on s'en ſert par extenſion & par reſſemblance, pour ſupléer aux termes qui manquent dans la langue.

Mais il ne faut pas croire avec quelques Savans, que les tropes n'aient *d'abord été inventés*

Maniére d'enſeigner

---

* Phæníces primi, famæ ſi créditur, auſi Manſúram, rúdibus, vocem ſignáre figúris.   *Lucan.* Lib. III. v. 220.

que par néceſſité, à cauſe du défaut & de la diſette des mots propres, & qu'ils aient contribué depuis à la beauté & à l'ornement du diſcours, de même à peuprès que les vêtemens ont été employés dans le comencement pour couvrir le corps & le défendre contre le froid, & enſuite ont ſervi à l'embèlir & à l'orner. Je ne crois pas qu'il y ait un aſſez grand nombre de mots qui ſupléent à ceux qui manquent, pour pouvoir dire que tel ait été le premier & le principal uſage des tropes. D'ailleurs ce n'eſt point là, ce me ſemble, la marche, pour ainſi dire, de la nature, l'imagination a trop de part dans le langage & dans la conduite des homes, pour avoir été précédée en ce point par la néceſſité. Si nous diſons d'un home qui marche avec trop de lenteur, qu'*il va plus lentement qu'une tortue,* d'un autre, *qu'il va plus vite que le vent,* d'un paſſioné, *qu'il ſe laiſſe emporter au torrent de ſes paſſions,* &c. C'eſt que la vivacité avec laquelle nous reſſentons ce que nous voulons exprimer, excite en nous ces images, nous en ſomes ocupés les premiers, & nous nous en ſervons enſuite pour métre en quelque ſorte devant les yeux des autres ce que nous voulons leur faire entendre. Les homes n'ont point conſulté, s'ils avoient ou s'ils n'avoient pas

& d'étudier les belles lettres, par M^r. Rollin. tom. 11. p. 246. & Cicer. de Oratort, n. 155. aliter xxxviii. Voſſ. inſt. orat. L. iv. c. vi. n. 14.

des termes propres pour exprimer ces idées,
ni ſi l'expreſſion figurée ſeroit plus agréable
que l'expreſſion propre, ils ont ſuivi les mouvemens de leur imagination, & ce que leur inſ-
piroit le deſir de faire ſentir vivement aux autres ce qu'ils ſentoient eux mêmes vivement.
Les Rhéteurs ont enſuite remarqué que telle
expreſſion étoit plus noble, telle autre plus
énergique, celle-là plus agréable, celle-ci
moins dure ; en un mot, ils ont fait leurs obſervations ſur le langage des homes.

Je prendrai la liberté à ce ſujet, de m'arêter
un moment ſur une remarque de peu d'im-
portance : c'eſt que pour faire voir que l'on
ſubſtitue quelquefois des termes figurés à la place des
mots propres qui manquent, ce qui eſt très véritable, Ciceron, Quintilien & Mr. Rollin, qui
penſe & qui parle come ces grands homes,
diſent que c'eſt *par emprunt & par métaphore*
qu'on a apelé gemma *le bourgeon de la vigne : parce,*
diſent-ils, *qu'il n'y avoit point de mot propre pour*
l'exprimer. Mais ſi nous en croyons les Etymo-
logiſtes, *gemma* eſt le mot propre pour ſignifier le bourgeon de la vigne, & ç'a été enſuite
par figure que les Latins ont doné ce nom
aux perles & aux pierres précieuſes. En éfet,
c'eſt toujours le plus comun & le plus conu

Mr. Rollin,
Tome 11.
P. 246.

qui eſt le propre, & qui ſe prête enſuite au ſens figuré. Les laboureurs du pays latin conoiſſoient les bourgeons des vignes & dès arbres, & leur avoient doné un nom avant que d'avoir vu des perles & des pierres précieuſes : mais come on dona enſuite par figure & par imitation ce même nom aux perles & aux pierres précieuſes, & qu'aparemment Cicéron, Quintilien & Mr. Rollin ont vu plus de perles que de bourgeons de vignes, ils ont cru que le nom de ce qui leur étoit plus conu étoit le nom propre, & que le figuré étoit celui de ce qu'ils conoiſſoient moins.

Verbi tranſlátio inſtitúta eſt inópiæ cauſâ, frequentáta delectatiónis. Nam *gemmáre vites, luxúriem eſſe in herbis, latas ſégetes*, étiam rúſtici dicunt. *Cic.* de Orator *L.* 111. *n.* 155. aliter xxxviii.

Neceſſitáte rúſtici dicunt gemmam in vítibus. Quid enim dícerent aliud? *Quintil.* inſtit. orat. *lib.* viii. *cap.* 6. Metaph.

Gemma eſt id quod in arbóribus tuméſcit cum párere incípiunt à *geno*, id eſt, gigno, hinc Margaríta & deinceps omnis lapis pretióſus dícitur *gemma* . . . . quod habet quoque Peróttus cujus hæc ſunt verba, „ lapíllos gemmas vocavére à ſimilitúdine gemmárum quas in vítibus ſive arbóribus cérnimus, gemmæ enim próprie ſunt púpuli quos primo vites emíttunt : & gemmáre vites dicúntur, dum gemmas emíttunt. „ *Martinii Lexicon*, voce *gemma*.

Gemma óculus vitis próprie. 2. gemma deinde generále nomen eſt lápidum pretioſórum. *Baſ. Fabri Theſaur.* v. *gemma.*

III.

Ce qu'on doit observer, & ce qu'on doit éviter
dans l'usage des Tropes, & pourquoi
ils plaisent.

Les Tropes qui ne produisent pas les éfets que je viens de remarquer, sont défectueux. Ils doivent surtout être clairs, faciles, se présenter naturèlement & n'être mis en œuvre qu'en tems & lieu. Il n'y a rien de plus ridicule en tout genre que l'afectation & le défaut de convenance. Moliére dans ses Précieuses, nous fournit un grand nombre d'exemples de ces expressions recherchées & déplacées. La convenance demande qu'on dise simplement à un laquais, *donez des siéges,* sans aler chercher le détour de lui dire ; *voiturez-nous ici les comodités de la converfation.* De plus, les idées accessoires ne jouent point, si j'ose parler ainsi, dans le langage des Précieuses de Moliére, ou ne jouent point come elles jouent dans l'imagination d'un home sensé : *Le conseiller des graces,* pour dire le miroir : *contentez l'envie qu'a ce fauteuil de vous embrasser,* pour dire asséyez-vous.

Toutes ces expressions tirées de loin & hors

C

de leur place, marquent une trop grande contention d'efprit, & font fentir toute la peine qu'on a euë à les rechercher : elles ne font pas, s'il eft permis de parler ainfi, à l'uniffon du bon fens, je veux dire qu'elles font trop éloignées de la maniére de penfer, de ceux qui ont l'efprit droit & jufte, & qui fentent les convenances. Ceux qui cherchent trop l'ornement dans le difcours tombent fouvent dans ce défaut, fans s'en apercevoir; ils fe favent bon gré d'une expreffion qui leur paroit brillante & qui leur a couté, & fe perfuadent que les autres en doivent être auffi fatisfaits qu'ils le font eux mêmes.

On ne doit donc fe fervir de Tropes que lorfqu'ils fe préfentent naturèlement à l'efprit; qu'ils font tirés du fujet; que les idées acceffoires les font naitre; ou que les bienféances les infpirent : ils plaifent alors, mais il ne faut point les aler chercher dans la vue de plaire.

Je ne crois donc pas que ces fortes de figures *plaifent extrémement, par l'ingénieufe hardieffe qu'il y a d'aler au loin chercher des expreffions étrangères à la place des naturéles, qui font fous la main*, fi l'on peut parler ainfi. Quoique ce foit là une penfée de Cicéron, adoptée par

Maniére d'enfeigner. Tome I I. p. 247.

Mr Rollin, je crois plutot que les expreſſions figurées donent de la grace au diſcours, parceque, come ces deux grands homes le remarquent, *elles donent du córps, pour ainſi dire, aux choſes les plus ſpirituéles, & les font preſque toucher au doit & à l'œil par les images qu'elles en tracent à l'imagination ;* en un mot, par les idées ſenſibles & acceſſoires.

ibid. p. 248.

IV.

Suite des Réflexions générales ſur le Sens figuré.

1. Il n'y a peut-être point de mot qui ne ſe prène en quelque ſens figuré, c'eſt-à-dire, éloigné de ſa ſignification propre & primitive.

Les mots les plus comuns & qui reviènent ſouvent dans le diſcours, ſont ceux qui ſont pris le plus fréquemment dans un ſens figuré, & qui ont un plus grand nombre de ces ſortes de ſens : tels ſont *corps, ame, tête, couleur, avoir, faire,* &c.

11. Un mot ne conſerve pas dans la traduction tous les ſens figurés qu'il a dans la langue originale : chaque langue a des expreſſions figurées qui lui ſont particulières, ſoit parce que ces expreſſions ſont tirées de certains uſages établis dans un pays & inconus dans un autre : ſoit par quelque autre raiſon pu-

C ij

rement arbitraire. Les diférens fens figurés du mot *voix*, que nous avons remarqués, ne font pas tous en ufage en latin, on ne dit point *vox* pour fufrage. Nous difons *porter envie*, ce qui ne feroit pas entendu en latin par *ferre invidiam* : au contraire, *morem gérere alicui* eft une façon de parler latine, qui ne feroit pas entendue en françois, fi on fe contentoit de la rendre mot à mot, & que l'on traduifit, *porter la coutume à quelqu'un*, au lieu de dire, faire voir à quelqu'un qu'on fe conforme à fon gout, à fa maniére de vivre, être complaifant, lui obéïr. Il en eft de même de *vicem gérere*, *verba dare*, & d'un grand nombre d'autres façons de parler que j'ai remarquées ailleurs, & que la pratique de la verfion interlineaire aprendra.

Ainfi, quand il s'agit de traduire en une autre langue quelque expreffion figurée, le traducteur trouve fouvent que fa langue n'adopte point la figure de la langue originale, alors il doit avoir recours à quelque autre expreffion figurée de fa propre langue, qui réponde, s'il eft poffible, à celle de fon auteur.

Le but de ces fortes de traductions n'eft que de faire entendre la penfée d'un auteur ; ainfi on doit alors s'atacher à la penfée & non à la lettre , & parler come l'auteur lui même auroit parlé, fi la langue dans laquelle on le traduit avoit été fa langue naturèle. Mais quand il s'agit de faire entendre une langue étrangère,on doit alors traduire litéralement, afin de faire comprendre le tour original de cette langue.

v.

Obfervation fur les Dictionaires Latins-François.

Nos Dictionaires n'ont point affés remarqué ces diférences; je veux dire, les divers fens que l'on done par figure à un même mot dans une même langue ; & les diférentes fignifications que celui qui traduit eft obligé de doner à un même mot ou à une même expreffion, pour faire entendre la penfée de fon auteur. Ce font deux idées fort diférentes que nos Dictionaires confondent ; ce qui les rend moins utiles & fouvent nuifibles aux començans. Je vais faire entendre ma penfée par cet exemple.

Porter, fe rend en latin dans le fens propre par *ferre* : mais quand nous difons *porter envie, porter la parole, fe porter bien ou mal*, &c, on ne fe fert plus de *ferre* pour rendre ces façons de

C iij

parler en latin : la langue latine a ſes expreſſions particuliéres pour les exprimer ; *porter*
ou *ferre* ne ſont plus alors dans l'imagination
de celui qui parle latin : Ainſi, quand on conſidère *porter* tout ſeul & ſéparé des autres mots
qui lui donent un ſens figuré, on manqueroit
d'exactitude dans les Dictionaires françois-
latins, ſi l'on diſoit d'abord ſimplement que
porter ſe rend en latin par *ferre*, *invidére*, *álloqui*,
valére, &c.

Pourquoi donc tombe-t-on dans la même
faute dans les Dictionaires latins - françois,
quand il s'agit de traduire un mot latin? Pourquoi joint-on à la ſignification propre d'un
mot, quelqu'autre ſignification figurée qu'il
n'a jamais tout ſeul en latin ? La figure n'eſt
que dans notre tour françois, parce que nous
nous ſervons d'une autre image, & par conſéquent de mots tout diférens ; par exemple:
* *Mittere* ſignifie, dit-on, envoyer, retenir,
arêter, écrire, n'eſt-ce pas come ſi l'on diſoit
dans le Dictionaire françois-latin, que *porter*
ſe rend en latin par *ferre*, *invidére*, *álloqui*, *valé-*
re ? Jamais *mittere* n'a eu la ſignification de
retenir, *d'arêter*, *d'écrire* dans l'imagination d'un
home qui parloit latin. Quand Térence a
dit : ** *lácrymas mitte*, & * *miſſam iram fáciet* ;

mittere avoit toujours dans son esprit la signification *d'envoyer* : envoyez loin de vous vos
larmes, votre colère, come on renvoye tout
ce dont on veut se défaire. Que si en ces ocasions nous disons plutot, *retenez vos larmes,
retenez votre colére*, c'est que pour exprimer ce
sens, nous avons recours à une métaphore
prise de l'action que l'on fait quand on retient
un cheval avec le frein, ou quand on empêche
qu'une chose ne tombe ou ne s'échape. Ainsi
il faut toujours distinguer les deux sortes de
traductions dont j'ai parlé ailleurs. Quand on
ne traduit que pour faire entendre la pensée
d'un auteur, on doit rendre, s'il est possible,
figure par figure, sans s'atacher à traduire litéralement ; mais quand il s'agit de doner l'intelligence d'une langue, ce qui est le but des
Dictionaires, on doit traduire litéralement,
afin de faire entendre le sens figuré qui est en
usage en cette langue à l'égard d'un certain
mot ; autrement c'est tout confondre ; les
Dictionaires nous diront que *aqua* signifie *le
feu*, de la même manière qu'ils nous disent que
mittere veut dire *arêter*, *retenir*; car enfin les Latins crioient *aquas*, *aquas*, * c'est-à-dire, *af-
ferte aquas*, quand le feu avoit pris à la maison,
& nous crions alors *au feu*, c'est-à-dire,

C iiij

**Térrita vi-
cínas, Téïa
clamat a-
quas.* Prop.
L. 4. El. 9.
v. 32. *ad
extinguén-
dum incén-
dium*, in-
quit Beroal-
dus. ibid.

acourez au feu pour aider à l'éteindre. Ainſi quand il s'agit d'aprendre la langue d'un auteur, il faut d'abord doner à un mot ſa ſignification propre, c'eſt-à-dire, celle qu'il avoit dans l'imagination de l'auteur qui s'en eſt ſervi, & enſuite on le traduit, ſi l'on veut, ſelon la traduction des penſées, c'eſt-à-dire, à la manière dont on rend le même fonds de penſée, ſelon l'uſage d'une autre langue.

Mittere ne ſignifie donc point en latin *retenir*, non plus que *péllere*, qui veut dire *chaſſer.* Si Térence a dit *lácrymas mitte*, Virgile a dit dans le même ſens, *lácrymas diléctæ pelle Creúſa.* Chaſſez les larmes de Créüſe, c'eſt-à-dire, les larmes que vous répandez pour l'amour de Créüſe, ceſſez de pleurer votre chére Créüſe, retenez les larmes que vous répandez pour l'amour d'elle, conſolez-vous.

Mittere ne veut pas dire non plus en latin *écrire* : & quand on trouve *mittere epiſtolam alicui*, cela veut dire dans le latin, *envoyer une lettre à quelqu'un*, & nous diſons plus ordinairement, *écrire une lettre à quelqu'un.* Je ne finirois point ſi je voulois raporter ici un plus grand nombre d'exemples du peu d'exactitude de nos meilleurs Dictionaires ; *merces* punition, *nox* la mort, *pulvis* le bareau, &c.

Je voudrois donc que nos Dictionaires donaſſent d'abord à un mot latin la ſignification propre que ce mot avoit dans l'imagination des auteurs latins : qu'enſuite ils ajoutaſſent les divers ſens figurés que les Latins donoient à ce mot. Mais quand il arive qu'un mot joint à un autre, forme une expreſſion figurée, un ſens, une penſée que nous rendons en notre langue, par une image diférente de celle qui étoit en uſage en latin : alors je voudrois diſtinguer :

1. Si l'explication litérale qu'on a dèja donée du mot latin, ſufit pour faire entendre à la lettre l'expreſſion figurée, ou la penſée litérale du latin ; en ce cas, je me contenterois de rendre la penſée à notre manière ; par exemple : *mittere* envoyer, *mitte iram*, retenez votre colère, *mittere epiſtolam alicui*, écrire une lettre à quelqu'un.

Provincia, Province, de *pro* ou *procul* & de *vincire* lier, obliger, ou ſelon d'autres, de *vincere* vaincre : c'étoit le nom générique que les Romains donoient aux pays dont ils s'étoient rendus maitres hors de l'Italie. On dit dans le ſens propre, *provinciam cápere*, *ſuſcipere*, prendre le gouvernement d'une province, en être fait gouverneur ; & on dit par métaphore , *provinciam fuscipere* , être dans un emploi, dans une fonction , faire quelque entreprise. *Provinciam cepisti duram* , tu t'es chargé d'une mauvaise comission , d'un emploi dificile.

2. Mais lorsque la façon de parler latine est trop éloignée de la françoise , & que la lettre n'en peut pas aifément être entendue , les Dictionaires devroient l'expliquer d'abord litéralement, & ensuite ajouter la phrase fran. çoise qui répond à la latine ; par exemple : *láterem crudum laváre* , laver une brique crue, c'est-à-dire , perdre son tems & sa peine , perdre son latin. Qui laveroit une brique avant qu'elle fût cuite , ne feroit que de la boue & perdroit la brique. On ne doit pas conclure de cet exemple , que jamais *laváre* ait signifié en latin perdre , ni *later* tems ou peine.

Au reste , il est évident que ces diverses s[i]gnifications qu'une langue done à un même mot d'une autre langue , sont étrangères à ce mot dans la langue originale ; ainsi elles ne font point de mon sujet : je traite seulement ici des diférens sens que l'on done à un même mot dans une même langue , & non pas des diférentes images dont on peut se servir en traduisant , pour exprimer le même fonds de pensée.

DES TROPES.

SECONDE PARTIE.

Des Tropes en particulier.

I.

LA CATACHRESE.

Abus, Extension, ou Imitation.

LEs langues les plus riches n'ont point un
aſſez grand nombre de mots pour expri- Κατάχρησις
mer chaque idée particulière, par un terme Abuſio.
qui ne ſoit que le ſigne propre de cette idée;
ainſi l'on eſt ſouvent obligé d'emprunter le
mot propre de quelqu'autre idée, qui a le plus
de raport à celle qu'on veut exprimer ; par
exemple : l'uſage ordinaire eſt de clouer des
fers ſous les piés des chevaux , ce qui s'apèle
ferrer un cheval : que s'il arive qu'au lieu de fer
on ſe ſerve d'argent, on dit alors que les chevaux ſont *ferrés d'argent*, plutot que d'inventer
un nouveau mot qui ne ſeroit pas entendu :
on ferre auſſi d'argent une caſſète, &c. alors
ferrer ſignifie par extenſion, garnir d'argent au
lieu de fer. On dit de même *aler à cheval ſur
un bâton*, c'eſt-à-dire, ſe mettre ſur un bâton

*

de la même manière qu'on se place à cheval.

Lúdere par impar ; equitáre in arúndine longâ.

Dans les ports de mer on dit *bâtir un vaisseau,* quoique le mot de *bâtir* ne se dise proprement que des maisons ou autres édifices : Virgile s'est servi d'*ædificáre*, bâtir, en parlant du cheval de Troie ; & Cicéron a dit, *ædificáre classes* , bâtir des flotes. Dieu dit à Moïse, *je ferai pleuvoir pour vous des pains du Ciel* , & ces pains, c'étoit la mâne : Moïse en la montrant, dit aux Juifs, *voila le pain que Dieu vous a doné pour vivre.* Ainsi la mâne fut apelée *pain* par extension.

Parricida, paricide, se dit en latin & en françois, non seulement de celui qui tue son pére, ce qui est le premier usage de ce mot ; mais il se dit encore par extension de celui qui fait mourir sa mére, ou quelqu'un de ses parens, ou enfin quelque persone sacrée.

Ainsi la Catachrèse est, pour ainsi dire, un écart que certains mots font de leur première signification, pour en prendre une autre qui y a quelque raport , & c'est aussi ce qu'on apèle *extension* : par exemple ; *feuille* se dit par extension ou imitation des choses qui sont plates & minces, come les feuilles des plantes;

Hor. 2.Sat. 3. v. 248.

Æn.2.v.16.

Cic. pro lege maníliâ. n. 9. áliter IV.

Exod. ch. XVI. v.4. & 15.

on dit *une feuille de papier*, *une feuille de fer blanc*, *une feuille d'or*, *une feuille d'étain*, qu'on met derière les miroirs : *une feuille de carton* ; *le talc se léve par feuilles* ; *les feuilles d'un paravent*, &c.

La langue, qui eſt le principal organe de la parole, a doné ſon nom par métonymie & par extenſion au mot générique dont on ſe ſert pour marquer les idiomes, le langage des diférentes nations : *langue latine*, *langue françoiſe*.

Glace, dans le ſens propre, c'eſt de l'eau gelée : ce mot ſignifie enſuite par imitation, par extenſion, un verre poli, une glace de miroir, une glace de caroſſe.

Glace ſignifie encore une ſorte de compoſition de ſucre & de blanc d'œuf, que l'on coule ſur les biſcuits, ou que l'on met ſur les fruits confits.

Enfin, *glace* ſe dit encore au plurier, d'une ſorte de liqueur congelée.

Il y a même des mots qui ont perdu leur premiére ſignification, & n'ont retenu que celle qu'ils ont eue par extenſion : *florir, floriſ-ſant*, ſe diſoient autrefois des arbres & des plantes qui ſont en fleurs ; aujourd'hui on dit plus ordinairement *fleurir* au propre & *florir* au figuré ; ſi ce n'eſt à l'infinitif, c'eſt au moins dans les autres modes de ce verbe; alors il fignifie être en crédit, en honeur, en réputation : *Pétrarque floriffoit* vers le milieu du 14. Siécle : *une armée floriffante, un empire floriffant.* » La langue grèque, dit Madame Dácier, » fe maintint encore affez *floriffante* jufqu'à la » prife de Conftantinople, en 1453.

Prince, en latin *princeps*, fignifioit feulement autrefois, premier, principal ; mais aujourd'hui en françois il fignifie, un fouverain ou une perfone de maifon fouveraine.

Le mot *Imperátor*, Empereur, ne fut d'abord qu'un titre d'honeur que les foldats donoient dans le camp à leur Général, quand il s'étoit diftingué par quelque expédition mémorable : on n'avoit ataché à ce mot aucune idée de fouveraineté, du tems même de Jules Céfar, qui avoit bien la réalité de fouverain, mais qui gouvernoit fous la forme de l'anciène République. Ce mot perdit fon anciène fignification vers la fin du regne d'Augufte, ou peut-être même plus tard.

Le mot latin *fuccúrrere* que nous traduifons par *fecourir*, veut dire proprement *courir fous* ou *fur*. Cicéron s'en eft fervi plufieurs fois en ce fens ; *fuccúrram atque fubíbo. Quidquid* * *fuccúrrit libet fcribere*, & Sénéque dit, *óbvios, fi no-*

* Cic. ad Att. L. 14. Epift. 1. fub finem. Senec. Ep. 111.

men non fuccúrrit, Dóminos falutámus ; » lorfque
nous rencontrons quelqu'un,& que fon nom «
ne nous vient pas dans l'efprit, nous l'ape- «
lons Monfieur. « Cependant come il faut fouvent fe hâter & courir pour venir au fecours
de quelqu'un, on a doné infenfiblement à ce
mot par extenfion le fens d'*aider* ou *fecourir.*

Pétere, felon Perizonius, vient du grec *peto*
& *petomai*, dont le premier fignifie *tomber*, &
l'autre *voler*; enforte que ces verbes marquent
une action qui fe fait avec éfort & mouvement vers quelque objet : ainfi :

1. Le premier fens de *pétere*, c'eft *aler vers,
fe porter avec ardeur* vers un objet ; enfuite on
done à ce mot par extenfion plufieurs autres
fens, qui font une fuite du premier.

2: Il fignifie *fouhaiter d'avoir, briguer, demander* ; pétere confulátum, *briguer le confulat* ;
pétere núptias alicújus, *rechercher une perfone
en mariage.*

3. *Aler prendre* ; unde mihi petam cibum.

4. *Aler vers quelqu'un* ; & en conféquence *le
fraper, l'ataquer.* Virgile a dit : *malo me Galatéa
petit*, & Ovide, *à pópulo faxis prætereúnte petor.*

5. Enfin *pétere* veut dire par extenfion *aler
en quelque lieu*, enforte que ce lieu foit l'objet
de nos demandes & de nos mouvemens. Les

πέτω
πέτομαι
Periz. in
fanct. min.
lib. 4. c. 4.
n. 46.

Ter. Heaut.
5. 2. 25.

Ecl. 3. v. 64.

Eleg. de nu-
ce. v. 2.

compagnons d'Enée, après leur naufrage, demandent à Didon qu'il leur foit permis de fe mettre en état d'aler en Italie, dans le Latium, ou du moins d'aler trouver le Roi Acefte.

Virg. Æn.1
y. 558.

———— Itáliam læti latiúmque petámus.

. . . .

At freta Sicániæ faltem fedéfque parátas
Unde huc advécti regémque petámus Acéften.

La réponfe de Didon eft digne de remarque :

Seu vos Hefpériam magnam faturniáque arva,
Sive Ericis fines, regémque optátis Acéften.

où vous voyez qu'*optátis* explique *petámus.*

Virg. Æn.
12. v. 555.

Advértere fignifie *tourner vers : advértere agmen urbi,* tourner fon armée vers la ville ; *navem advértere,* tourner fon vaiffeau vers quelque endroit, y aborder : enfuite on l'a dit par métaphore de l'efprit ; *advértere ánimum, advértere mentem* ; tourner l'efprit vers quelque objet, faire atention, faire réflexion, confidérer : on a même fait un mot compofé de *ánimum* & d'*advértere* ; *anim-advértere,* confidérer, remarquer, examiner.

Mais parce qu'on tourne fon efprit, fon reffentiment, vers ceux qui nous ont ofenfés,

&

& qu'on veut punir ; on a doné ensuite par extension le sens de *punir* à *animadvértere; verbéribus
animadvertébant in cives;* * ils tournoient leur res-
sentiment , leur colère , avec des verges contre les citoyens, c'est-à-dire, qu'ils condâ-
noient au fouet les citoyens. Remarquez qu'*á-
nimus* se prend alors dans le sens de colère.
* *Animus* , dit Faber , se prend souvent pour
cette partie de l'ame, *quæ impetus habet & motus.*

Ira furor brevis est ; ánimum rege , qui nisi paret
Imperat ; hunc frenis , hunc tu compésce caténâ.

Ces sortes d'extensions doivent être autorisées
par l'usage d'une langue , & ne sont pas toujours réciproques dans une autre langue ; c'est-
à-dire que le mot françois ou alemand , qui
répond au mot latin , selon le sens propre , ne
se prend pas toujours en françois ou en alemand dans le même sens figuré que l'on done
au mot latin : *demander* répond à *pétere* ; cependant nous ne disons point *demander* pour *ataquer* , ni pour *aler à.*

Oppidò dans son origine est le datif d'*óppidum*,
ville ; *óppido* pour *la ville* , au datif. Les laboureurs en s'entretenant ensemble, dit Festus , se demandoient l'un à l'autre , avez vous
fait bone récolte ? *Sæpè respondebátur , quantùm*

D

* Salusté
Catil. 51.

Basil. Fab.
Thes.v.*áni-
mus.*

Hor. lib. 1.
Epist. 2. v.
62.

vel óppido fatis effet, j'en aurois pour nourir toute la ville : & delà eft venu qu'on a dit *óppido* adverbialement, pour beaucoup ; *hinc in confuetúdinem venit ut dicerétur, óppido pro valdè, multùm. Feftus.* v. Oppido

Dont vient de *undè*, ou plutot de *de undè*, come nous difons *delà, dedans. Aliquid déderis undè utátur*, donez lui un peu d'argent dont-il puiffe vivre en le metant à profit : ce mot ne fe prend plus aujourd'hui dans fa fignification primitive ; on ne dit pas la ville *dont je viens*, mais *d'où je viens*.

Propináre, boire à la fanté de quelqu'un, eft un mot purement grec, qui veut dire à la lettre *boire le premier*. Quand les anciens vouloient exciter quelqu'un à boire, & faire à peu près à fon égard ce que nous apelons *boire à la fanté* ; ils prenoient une coupe pleine de vin, ils en buvoient un peu les premiers, & enfuite ils préfentoient la coupe à celui qu'ils vouloient exciter à boire. * Cet ufage s'eft confervé en Flandre, en Holande, & dans le

Terence A-
delph. Act.
5. fc. 9. v.
24.

---

* Hîc Regína gravem gemmis auróque popófcit
Implevítque mero páteram. . . . .
⸺ & in menfam láticum libávit honórem ,
Primáque libáto fummo tenus áttigit ore :
Tum Bítiæ dedit incrépitans ; ille ímpiger haufit
Spumántem páteram , & pleno fe próluit auro. *Æn. I.* 732.

Nord : on fait l'essai, c'est-à-dire, qu'avant que de vous présenter le vase, on en boit un peu, pour vous marquer que vous pouvez en boire sans rien craindre. Delà, par extension, par imitation, on s'est servi de *propináre* pour *livrer quelqu'un*, *le trahir pour faire plaisir à un autre*; *le livrer*, *le doner* come on donc la coupe à boire après avoir fait l'essai. *Je vous le livre*, dit Térence, en se servant par extension du mot *propíno*, *moquez vous de lui tant qu'il vous plaira*, hunc vobis deridéndum propíno.

Ter. Eun. Act. v. scéne derniére.

Nous avons vu dans la cinquiéme partie de cette Grammaire, que la préposition supléoit aux raports qu'on ne sauroit marquer par les terminaisons des mots; qu'elle marquoit un raport général ou une circonstance générale, qui étoit ensuite déterminée par le mot qui suit la préposition :

Or, ces raports ou circonstances générales font presque infinies, & le nombre des prépositions est extrèmement borné; mais pour supléer à celles qui manquent, on done divers usages à la même préposition.

Chaque préposition a sa première signification; elle a sa destination principale, son premier sens propre; & ensuite par extension, par imitation, par abus, en un mot par catachrèfe, on la fait fervir à marquer d'autres raports qui ont quelque analogie avec la deftination principale de la prépofition, & qui font fufifamment indiqués par le fens du mot qui eft lié à cette prépofition ; par exemple :

La prépofition *in* eft une prépofition de lieu, c'eft-à-dire, que fon premier ufage eft de marquer la circonftance générale d'être dans un lieu : *Céfar fut tué dans le fénat, entrer dans une maifon, ferrer dans une caffette.*

Enfuite on confidère par métaphore les diférentes fituations de l'efprit & du corps, les diférens états de la fortune, en un mot les diférentes maniéres d'être, come autant de lieux où l'home peut fe trouver ; & alors on dit par extenfion, *être dans la joie, dans la crainte, dans le deffein, dans la bone ou dans la mauvaife fortune, dans une parfaite fanté, dans le defordre, dans l'épée, dans la robe, dans le doute,* &c.

On fe fert auffi de cette prépofition pour marquer le tems : c'eft encore par extenfion, par imitation ; on confidère le tems come un lieu, *nolo me in témpore hoc videat fenex*, c'eft le dernier vers du quatrième acte de l'Andriène de Térence.

Ubi & *ibi* font des adverbes de lieu ; on les fait fervir auffi par imitation pour marquer le tems, *hæc ubi dicta*, après que ces mots furent dits, après ces paroles. *Non tu ibi natum? (objurgasti)* n'alâtes-vous pas sur le champ gronder votre fils ? ne lui dites-vous rien alors ?

On peut faire de pareilles observations sur les autres prépositions, & sur un grand nombre d'autres mots.

» La préposition *après*, dit M. l'Abé de Dan-
» geau , * marque premièrement postériorité
» de lieu entre des persones ou des choses:
» *marcher après quelqu'un ; le valet court après son*
» *maitre ; les Conseillers sont assis après les Présidens.*

Ensuite, considérant les honeurs, les richesses, &c, come des êtres réels, on a dit par imitation, *courir après les honeurs, soupirer après sa liberté.*

» *Après*, marque aussi postériorité de tems,
» par une espéce d'extension de la quantité de
» lieu à celle de tems. *Pierre est arivé après Jac-*
» *ques.* Quand un home marche après un au-
» tre, il arive ordinairement plus tard ; *après*
» *demain, après diné,* &c.

» *Ce Tableau est fait d'après le Titien. Ce pay-*
» *sage est fait d'après nature :* ces façons de par-
» ler ont raport à la postériorité de tems:
» Le Titien avoit fait le tableau avant que le
» peintre le copiat ; la nature avoit formé le

D iij

Virg. Æn. 1
v. 85.
Térence,
Andr. Act.
1. sc. 1. v.
122.

*Feuille vo-
lante sur la
préposition
après.

» payſage avant que le peintre le repréſentat.

C'eſt ainſi que les prépoſitions latines *à* & *ſub* marquent auſſi le tems , come je l'ai fait voir en parlant de ces prépoſitions.

» Il me ſemble , dit M. l'Abé de Dangeau, » qu'il ſeroit fort utile de faire voir coment » on eſt venu à doner tous ces divers uſages à » un même mot ; ce qui eſt comun à la plu- » part des langues.

Le mot *d'heures* ὥρα , n'a ſignifié d'abord que le tems ; enſuite par extenſion il a ſigni- fié les quatre ſaiſons de l'année. Lorſqu'Ho- mére dit que *depuis le comencement des tems les heures veillent à la garde du haut Olympe*, & que *le ſoin des portes du ciel leur eſt confié* , Madame Dacier remarque qu'Homére apèle *les heures* ce que nous apelons *les ſaiſons*.

Herodote dit que les Grecs ont pris des Ba- biloniens l'uſage de diviſer le jour en douze parties. Les Romains prirent enſuite cet uſa- ge des Grecs, il ne fut introduit chez les Ro- mains qu'après la premiére guerre punique: ce fut vers ces tems-là que par une autre ex- tenſion l'on dona le nom *d'heures* aux douze parties du jour , & aux douze parties de la nuit ; celles-ci étoient diviſées en quatre veil- les , dont chacune comprenoit trois heures.

Dans le langage de l'Eglise , les jours de la femaine qui fuivent le dimanche font apelés *féries* par extenfion.

Il y avoit parmi les anciens des fêtes & des féries, les fêtes étoient des jours Solemnels où l'on faifoit des jeux & des facrifices avec pompe : les féries étoient feulement des jours de repos où l'on s'abftenoit du travail. Feftus prétend que ce mot vient *à feriéndis victimis.*

L'année chrétiène començoit autrefois au jour de Pâques ; ce qui étoit fondé fur ce paffage de S. Paul : *Quómodò Chriftus refurréxit à mórtuis , ita & nos in novitáte vitæ ambulémus.* Rom. c. 6. v. 4.

L'Empereur Conftantin ordona que l'on s'abftiendroit de toute œuvre fervile pendant la quinzaine de Pâques , & que ces quinze jours feroient *féries* : cela fut exécuté du moins pour la premiére femaine ; ainfi tous les jours de cette premiére femaine furent *féries.* Le lendemain du dimanche d'après Pâques fut la feconde férie ; ainfi des autres. L'on dona enfuite par extenfion , par imitation , le nom de *férie feconde, troifiéme, quatriéme , &c,* aux autres jours des femaines fuivantes , pour éviter de leur doner les noms profanes des Dieux des payens.

C'eft ainfi que chez les Juifs , le nom de

fabat (*fábbatum*) qui fignifie *repos*, fut doné au feptiéme jour de la femaine, en mémoire de ce qu'en ce jour Dieu fe repofa, pour ainfi dire, en ceffant de créer de nouveaux êtres : enfuite par extenfion on dona le même nom à tous les jours de la femaine, en ajoutant *premier*, *fecond*, *troifiéme*, &c. *prima*, *fecunda*, &c, *fabbatórum. Sábbatum* fe dit auffi de la femaine. On dona encore ce nom à chaque feptième année, qu'on apela *année fabatique*, & enfin à l'année qui arivoit après fept fois fept ans, & c'étoit le jubilé des Juifs ; tems de rémiffion, de reftitution, où chaque particulier rentroit dans fes anciens héritages aliénés, & où les efclaves devenoient libres.

Notre verbe *aler* fignifie dans le fens propre *fe tranfporter d'un lieu à un autre* : mais enfuite dans combien de fens figurés n'eft-il pas employé par extenfion ! Tout mouvement qui aboutit à quelque fin ; toute maniére de procéder, de fe conduire, d'ateindre à quelque but ; enfin tout ce qui peut être comparé à des voyageurs qui vont enfemble, s'exprime par le verbe *aler*; *je vais*, ou *je vas* ; *aler à fes fins*, *aler droit* au but : *il ira loin*, c'eft-à-dire, il fera de grands progrès, *aler étudier*, *aler lire*, &c.

Devoir veut dire dans le fens propre *être*

obligé par les loix à payer ou à faire quelque chose : on le dit enfuite par extenfion de tout ce qu'on doit faire par bienféance, par politeffe, *nous devons aprendre ce que nous devons aux autres & ce que les autres nous doivent.*

Devoir fe dit encore par extenfion de ce qui arivera, come fi c'étoit une dette qui dût être payée : *je dois fortir : inftruifez-vous de ce que vous êtes, de ce que vous n'êtes pas, & de ce que vous devez être,* c'eft-à-dire, de ce que vous ferez, de ce à quoi vous êtes deftiné.

Notre verbe auxiliaire *avoir*, que nous avons pris des Italiens, vient dans fon origine du verbe *habére*, avoir, poffeder. Céfar a dit qu'il envoya au devant toute la cavalerie qu'il avoit affemblée de toute la province, *quem coaƐtum habébat.* Il dit encore dans le même fens *avoir les fermes tenues à bon marché,* c'eft-à-dire, *avoir pris les fermes à bon marché, les tenir à bas prix.* Dans la fuite on s'eft écarté de cette fignification propre d'*avoir*, & on a joint ce verbe par métaphore & par abus, à un fupin, à un participe ou adjeƐif : ce font des termes abftraits dont on parle come de chofes réelles : *amávi*, j'ai aimé, *hábeo amátum* : aimé eft alors un fupin, un nom qui marque le fentiment que le verbe fignifie : je poffede le fentiment d'ai-

Cæfar præmifit equitátum omnem quem ex omni província coáƐtum habébat. Cæfar de bello Gálli co. L. I. VeƐtigália parvo prétio redempta habére. Idem ibid. Noftram adolefcéntiam habent defpicátam. Ter. Eun. AƐt.2.fc.3. v.92.

mier, come un autre posséde sa montre. On
est si fort acoutumé à ces façons de parler,
qu'on ne fait plus atention à l'anciène signification propre *d'avoir* ; on lui en done une autre qui ne signifie *avoir* que par figure, & qui
marque en deux mots le même sens que les
Latins exprimoient en un seul mot. Nos
Grammairiens qui ont toujours raporté notre
Grammaire à la Grammaire latine, disent
qu'alors *avoir* est un verbe auxiliaire, parce
qu'il aide le supin ou le participe du verbe à
marquer le même tems que le verbe latin signifie en un seul mot.

Etre, *avoir*, *faire*, sont les idées les plus simples, les plus comunes, & les plus intéressan-
tes pour l'home : or les homes parlent toujours de tout par comparaison à eux mêmes;
delà vient que ces mots ont été le plus détournés à des usages diférens : *être assis* , *être
aimé* , &c. *avoir de l'argent* , *avoir peur* , *avoir honte* ; *avoir quelque chose faite* , & en moins de
mots *avoir fait*.

De plus, les homes réalisent leurs abstractions; ils en parlent par imitation, come ils
parlent des objets réels : ainsi ils se sont servis du mot *avoir* en parlant de choses inanimées & de choses abstraites. On dit *cette ville*

a deux lieues de tour, cet ouvrage a des défauts ; les passions ont leur usage ; il a de l'esprit, il a de la vertu : & ensuite par imitation & par abus, *il a aimé, il a lu,* &c.

Remarquez en passant que le verbe *a* est alors au présent, & que la signification du prétérit n'est que dans le supin ou participe.

On a fait aussi du mot *il* un terme abstrait qui représente une idée générale, l'être en général : il y a des homes qui disent, *illud quod est, ibi habet hómines qui dicunt,* dans la bone latinité on prend un autre tour, come nous l'avons remarqué ailleurs.

Notre *il* dans ces façons de parler répond au *res* des Latins : *Própiùs metum res fúerat,* la chose avoit été proche de la crainte : c'est-à-dire, il y avoit eu sujet de craindre. *Res ita se habet,* il est ainsi. *Res tua ágitur,* il s'agit de vos intérêts, &c.

T.Livi.L.1.
n. 25.

Ce n'est pas seulement la propriété *d'avoir* qu'on a atribuée à des êtres inanimés & à des idées abstraites, on leur a aussi atribué celle de *vouloir* : on dit *cela veut dire,* au lieu de *cela signifie ; un tel verbe veut un tel cas ; ce bois ne veut pas bruler ; cette clé ne veut pas tourner,* &c. Ces façons de parler figurées sont si ordinaires, qu'on ne s'aperçoit pas même de la figure.

La signification des mots ne leur a pas été donée dans une assemblée générale de chaque peuple, dont le résultat ait été signifié à chaque particulier qui est venu dans le monde ; cela s'est fait insensiblement & par l'éducation : les enfans ont lié la signification des mots aux idées que l'usage leur a fait conoitre que ces mots signifioient.

1. A mesure qu'on nous a doné du pain, & qu'on nous a prononcé le mot *pain* ; d'un côté le pain a gravé par les yeux son image dans notre cerveau, & en a excité l'idée : d'un autre côté le son du mot *pain* a fait aussi son impression par les oreilles, de sorte que ces deux idées accessoires, c'est-à-dire, excitées en nous en même tems, ne sauroient se réveiller séparément sans que l'une excite l'autre.

2. Mais parce que la conoissance des autres mots qui signifient des abstractions ou des opérations de l'esprit, ne nous a pas été donée d'une maniére aussi sensible ; que d'ailleurs la vie des homes est courte, & qu'ils sont plus ocupés de leurs besoins & de leur bien être, que de cultiver leur esprit & de perfectioner leur langage ; come il y a tant de variété & d'inconstance dans leur situa-

tion, dans leur état, dans leur imagination, dans les diférentes rélations qu'ils ont les uns avec les autres ; que par la dificulté que les homes trouvent à prendre les idées précifes de ceux qui parlent, ils retranchent ou ajoutent prefque toujours à ce qu'on leur dit ; que d'ailleurs la mémoire n'eft ni affez fidèle ni affez fcrupuleufe pour retenir & rendre exactement les mêmes mots & les mêmes fons, & que les organes de la parole n'ont pas dans tous les homes une conformation affez uniforme pour exprimer les fons précifément de la même manière ; enfin come les langues ne font point affez fécondes pour fournir à chaque idée un mot précis qui y réponde : de tout cela il eft arivé que les enfans fe font infenfiblement écartés de la manière de parler de leurs péres, come ils fe font écartés de leur manière de vivre & de s'habiller ; ils ont lié au même mot des idées diférentes & éloignées, ils ont doné à ce même mot des fignifications empruntées, & y ont ataché un tour diférent d'imagination ; ainfi les mots n'ont pu garder long-tems une fimplicité qui les reftraignit à un feul ufage ; c'eft ce qui a caufé plufieurs irrégularités aparentes dans la Grammaire & dans le régime des mots ; on n'en peut rendre raison que par la conoiffance de leur première origine , & de l'écart, pour ainfi dire , qu'un mot a fait de fa première fignification & de fon premier ufage : ainfi cette figure mérite une atention particulière ; elle regne en quelque forte fur toutes les autres figures.

Avant que de finir cet article , je crois qu'il n'eft pas inutile d'obferver que la catachrèfe n'eft pas toujours de la même efpéce.

I. Il y a la catachrèfe qui fe fait lorfqu'on done à un mot une fignification éloignée , qui n'eft qu'une fuite de la fignification primitive : c'eft ainfi que *fuccúrrere* fignifie aider, fecourir : *Pétere* , ataquer : *Animadvértere* , punir : ce qui peut fouvent être raporté à la métalepfe , dont nous parlerons dans la fuite.

II. La feconde efpéce de catachrèfe n'eft proprement qu'une forte de métaphore , c'eft lorfqu'il y a imitation & comparaifon , come quand on dit *ferrer d'argent* , *feuille de papier* , &c.

II.

LA METONYMIE.

LE mot de *Métonymie* signifie transposition ou changement de nom, un nom pour un autre.

En ce sens cette figure comprend tous les autres tropes ; car dans tous les tropes, un mot n'étant pas pris dans le sens qui lui est propre, il réveille une idée qui pouroit être exprimée par un autre mot. Nous remarquerons dans la suite ce qui distingue proprement la métonymie des autres tropes.

Les maitres de l'art restraignent la métonymie aux usages suivans.

I. LA CAUSE POUR L'EFET ; par exemple : vivre de son travail, c'est-à-dire, vivre de ce qu'on gagne en travaillant.

Les Païens regardoient Cérès come la Déesse qui avoit fait sortir le blé de la terre, & qui avoit apris aux homes la manière d'en faire du pain : ils croioient que Bacchus étoit le Dieu qui avoit trouvé l'usage du vin ; ainsi ils donoient au blé le nom de *Cérès*, & au vin le nom de *Bacchus* ; on en trouve un grand nombre d'exemples dans les poètes : Virgile

Μετωνυμία. Changement de nom de μετὰ, qui dans la composition marque changement, & de ὄνομα, nom.

a dit , *un vieux Bacchus*, pour dire du vin vieux. *Impléntur véteris Bacchi.* Madame des Houliéres a fait une balade dont le refrein est,

L'amour languit sans Bacchus & Cérès.

C'est là traduction de ce passage de Térence, *sine Cérere & Líbero friget Venus.* C'est-à-dire, qu'on ne songe guére à faire l'amour quand on n'a pas dequoi vivre.   Virgile a dit :

Tum Cérerem corrúptam undis cerealiáque arma
Expédiunt fessi rerum.

Scarron , dans sa traduction burlesque, se sert d'abord de la même figure ; mais voyant bien que cette façon de parler ne seroit point entendue en notre langue, il en ajoute l'explication :

Lors fut des vaisseaux descendue
Toute la Cérès corompue ;
En langage un peu plus humain ,
C'est ce dequoi l'on fait du pain.

Ovide a dit , qu'une lampe prête à s'éteindre se ralume quand on y verse Pallas, * c'est-à-dire de l'huile, ce fut Pallas , selon la fable,

* Cujus ab allóquiis ánima hæc moribúnda revíxit
Ut vigil infusâ Pállade flamma solet. *Ovid.* Trist. *L.* IV.
El. 5. v. 4.

qui

qui la première fit fortir l'olivier de la terre, & enfeigna aux homes l'art de faire de l'huile; ainfi Pallas fe prend pour l'huile, come Bacchus pour le vin.

On raporte à la même efpèce de figure les façons de parler où le nom des Dieux du Paganifme fe prend pour la chofe à quoi ils préfidoient, quoiqu'ils n'en fuffent pas les inventeurs : Jupiter fe prend pour l'air, Vulcain pour le feu : ainfi pour dire, où vas-tu avec ta lanterne ? Plaute a dit, *Quo ámbulas tu, qui Vulcánum in cornu conclúfum geris* ? Où vas-tu toi qui portes Vulcain enfermé dans une corne ? Et Virgile, *furit Vulcánus* ; & encore au premier livre des Géorgiques, voulant parler du vin cuit ou du réfiné que fait une ménagère de la campagne, il dit qu'elle fe fert de Vulcain pour diffiper l'humidité du vin doux.

Plaut. Amph. Act. I. fc. I. v. 185.

Æn. 5. v. 662.

Aut dulcis mufti Vulcáno décoquit humórem.

Georg. 1. v. 295.

Neptune fe prend pour la mer ; Mars le Dieu de la guerre fe prend fouvent pour la guerre même, ou pour la fortune de la guerre, pour l'événement des combats, l'ardeur, l'avantage des combatans : Les hiftoriens difent fouvent qu'on a combatu avec un Mars

E

égal, *æquo Marte pugnátum eſt*, c'eſt-à-dire, avec un avantage égal ; *ancípiti Marte*, avec un ſuccès douteux : *vário Marte*, quand l'avantage eſt tantot d'un côté & tantot de l'autre.

C'eſt encore prendre la cauſe pour l'éfet que de dire d'un Général ce qui, à la lettre, ne doit être entendu que de ſon armée ; il en eſt de même lorſqu'on done le nom de l'auteur à ſes ouvrages : Il a lu Cicéron, Horace, Virgile ; c'eſt-à-dire, les ouvrages de Cicéron, &c.

Jéſus-Chriſt lui-même s'eſt ſervi de la métonymie en ce ſens, lorſqu'il a dit, parlant des Juifs : ils ont Moïſe & les prophètes, c'eſt-à-dire, ils ont les livres de Moïſe & ceux des prophètes.

Luc. c. XVI.
y. 29.

On done ſouvent le nom de l'ouvrier à l'ouvrage ; on dit d'un drap que c'eſt un *Van-Robais*, un *Rouſſeau*, un *Pagnon*, c'eſt-à-dire, un drap de la manufacture de Van-Robais, ou de celle de Rouſſeau, &c. C'eſt ainſi qu'on done le nom du peintre au tableau : on dit j'ai vu un beau *Rembrant*, pour dire un beau tableau fait par le Rembrant. On dit d'un curieux en eſtampes, qu'il a un grand nombre de *Callots*, c'eſt-à-dire, un grand nombre d'eſtampes gravées par Callot.

On trouve souvent dans l'Ecriture Sainte
Jacob , *Israel* , *Juda* , qui font des noms de Pa-
triarches , pris dans un fens étendu pour marquer tout le Peuple Juif. M. Fléchier , parlant du fage & vaillant Machabée , auquel il
compare M. de Turène , a dit » cet home
» qui réjouiffoit *Jacob* par fes vertus & par fes
» exploits. « *Jacob* , c'eft-à-dire le Peuple Juif.

Au lieu du nom de l'éfet , on fe fert fouvent du nom de la caufe inftrumentale qui
fert à le produire : ainfi pour dire , que quelqu'un écrit bien , c'eft-à-dire , qu'il forme bien
les caractères de l'écriture , on dit qu'*il a une
belle main.*

La *plume* eft auffi une caufe inftrumentale
de l'Ecriture , & par conféquent de la compofition ; ainfi *plume* fe dit par métonymie de
la manière de former les caractères de l'écriture & de la manière de compofer.

Plume fe prend auffi pour l'auteur même,
c'eft une bone plume , c'eft-à-dire , c'eft un auteur
qui écrit bien : *c'eft une de nos meilleures plumes* ,
c'eft-à-dire , un de nos meilleurs auteurs.

Stile fignifie auffi par figure la manière
d'exprimer les penfées.

Les anciens avoient deux manières de former les caractères de l'écriture ; l'une étoit

pingéndo, en peignant les lettres, ou fur des feuillés d'arbres, ou fur des peaux préparées, ou fur la petite membrane intérieure de l'écorce de certains arbres ; cette membrane s'apèle en latin *liber*, d'où vient *livre* ; ou fur de petites tablètes faites de l'arbriffeau *papýrus*, ou fur de la toile, &c. Ils écrivoient alors avec de petits rofeaux, & dans la fuite ils fe fervirent auffi de plumes come nous.

L'autre manière d'écrire des anciens étoit *incidéndo*, en gravant les lettres fur des lames de plomb ou de cuivre ; ou bien fur des tablètes de bois, enduites de cire. Or pour graver les lettres fur ces lames, ou fur ces tablètes, ils fe fervoient d'un poinçon, qui étoit pointu par un bout & aplati par l'autre : la pointe fervoit à graver, & l'extrémité aplatie fervoit à éfacer ; & c'eft pour cela qu'Horace a dit *ftilum vértere*, tourner le ftile, pour dire, *éfacer, coriger, retoucher à un ouvrage.* Ce poinçon s'apeloit *Stilus*, * Stile : tel eft le fens propre de ce mot ; dans le fens figuré, il fignifie la manière d'exprimer les penfées. C'eft en ce fens que l'on dit, le ftile fublime, le ftile fimple, le ftile médiocre, le ftile foutenu, le ftile grave, le ftile comique, le ftile hiftórique, le ftile poétique, le ftile de la converfation ; &c.

Lib. 1. fat. x. v. 72.

* de ςύλος. Columna, columella, *petite colone.*

Outre toutes ces manières diférentes d'exprimer les pensées, manières qui doivent convenir aux sujets dont on parle , & que pour cela on apèle stile de convenance ; il y a encore le stile personel ; c'est la manière particulière dont chacun exprime ses pensées. On dit d'un auteur que son stile est clair & facile, ou au contraire que son stile est obscur , embarassé, &c : on reconoit un auteur à son stile, c'est-à-dire, à sa manière d'écrire , come on reconoit un home à sa voix , à ses gestes, & à sa démarche.

Stile se prend encore pour les diférentes manières de faire les procédures selon les diférens usages établis en chaque jurisdiction : le stile du Palais, le stile du Conseil, le stile des Notaires , &c. Ce mot a encore plusieurs autres usages qui vièñent par extension de ceux dont nous venons de parler.

Pinceau, outre son sens propre , se dit aussi quelquefois par métonymie, come *plume* & *stile* : on dit d'un habile peintre, que c'est un savant *pinceau*.

Voici encore quelques exemples tirés de l'Ecriture Sainte où la cause est prise pour l'éfet. *Si* * *peccáverit ánima portábit iniquitátem* * Levit. c. *suam*, elle portera son iniquité, c'est-à-dire, V. v. 1.

Mich. c. VII
v. 9.

la peine de fon iniquité. *Iram Dómini portábo,
quóniam peccávi,* où vous voyez que par la colère du Seigneur ; il faut entendre la *peine* qui
eſt une ſuite de la colère. *Non morábitur opus*

Levit. c.
XIX. v. 13.

mercenárii tui apud te uſque manè, opus, *l'ouvrage,*
c'eſt-à-dire, le ſalaire, la récompenſe qui eſt
due à l'ouvrier à cauſe de ſon travail. Tobie
a dit la même choſe à ſon fils tout ſimple-

Tob. c. IV.
v. 15.

ment : *Quicúmque tibi áliquid operátus fúerit, ſta-
tim ei mercédem reſtitue, & merces mercenárii tui apud
te omninò non remáneat.* Le Prophète Oſée dit
que les Prêtres mangeront les péchés du peu-

Oſée, c IV.
v. 8.

ple, *peccáta pópuli mei cómedent,* c'eſt-à-dire, les
victimes oſertes pour les péchés.

II. L'EFET POUR LA CAUSE : come
lorſqu'Ovide dit que le mont Pélion n'a

Metam, L
XII. v. 513.

point d'ombres, *nec habet Pélion umbras ;* c'eſt-
à-dire, qu'il n'a point d'arbres, qui ſont la
cauſe de l'ombre ; *l'ombre,* qui eſt l'éfet des
arbres, eſt priſe ici pour les arbres mêmes.

Dans la Généſe, il eſt dit de Rébecca que
deux nations étoient en lelle ; * c'eſt-à-dire,
Eſaü & Jacob, les péres de deux nations ; Jacob des Juifs, Eſaü des Iduméens.

* *Duæ gentes ſunt in útero tuo, & duo pópuli ex ventre
tuo dividéntur. Gen. c. XXV. v. 23.*

Les Poëtes difent *la pâle mort, les pâles mala-dies*, la mort & les maladies rendent pâle. *Pal-lidámque Pirénen*, la pâle fontaine de Pyrène : c'étoit une fontaine confacrée aux Mufes. L'aplication à la poéfie rend pâle, come tou-te autre aplication violente. Par la même raifon Virgile a dit la trifte vieilleffe.

Palléntes hábitant morbi triftifque Senéctus. Et Horace, *pállida mors*. La mort, la maladie, & les fontaines confacrées aux Mufes ne font point pâles ; mais elles produifent la pâleur : ainfi on done à la caufe une épitète qui ne convient qu'à l'éfet.

III. LE CONTENANT POUR LE CONTENU : co-me quand on dit, *il aime la bouteille*, c'eft-à-dire, *il aime le vin*. Virgile dit que Didon ayant pré-fenté à Bitias une coupe d'or pleine de vin, Bitias la prit & *fe lava, s'arofa de cet or plein* ; c'eft-à-dire, de la liqueur contenue dans cette coupe d'or.

. . . . ille ímpiger haufit
Spumántem páteram, & pleno fe próluit auro.

Auro eft pris pour la coupe, c'eft la matière pour la chofe qui en eft faite, nous parlerons bientôt de cette efpèce de figure, enfuite la coupe eft prife pour le vin.

Le ciel, où les anges & les faints jouiffent

E iiij

Perfe. Prol.

Æn. L. VII
v. 275.
Lib. 1. Od. 4

Æn. 1. V.
743.

de la préfence de Dieu , fe prend fouvent pour Dieu même : *Implorer le fecours du ciel ; grace au ciel : J'ai péché contre le ciel & contre vous,* dit l'enfant prodigue à fon pére. *Le ciel fe* prend auffi pour les Dieux du Paganifme.

La terre fe tut devant Alexandre ; c'eft-à-dire, les peuples de la terre fe foumirent à lui : *Rome defaprouva la conduite d'Appius,* c'eft-à-dire, les Romains défaprouvèrent : *Toute l'Europe* s'eft réjouie à la naiffance du Dauphin ; c'eft-à-dire, tous les fouverains, tous les peuples de l'Europe fe font réjouis.

Lucrèce a dit que les chiens de chaffe mettoient *une foreſt* en mouvement ; * où l'on voit qu'il prend la foreft pour les animaux qui font dans la foreft.

Un *nid* fe prend auffi pour les petits oifeaux qui font encore au nid.

Carcer, prifon, fe dit en latin d'un home qui mérite la prifon.

IV. LE NOM DU LIEU, où une chofe fe fait, fe prend POUR LA CHOSE MEME : on dit un *Caudebec,* au lieu de dire, un chapeau fait à Caudebec, ville de Normandie.

On dit de certaines étofes, *c'eſt une Marſeille,*

----

* Sepíre plagis faltum canibúfque ciére. *Lucr* L. v. v. 1251.

c'eſt-à-dire, une étofe de la manufacture de Marſeille : *c'eſt une Perſe*, c'eſt-à-dire, une toile peinte qui vient de Perſe.

A propos de ces ſortes de noms, j'obſerverai ici une mépriſe de M. Ménage, qui a été ſuivie par les auteurs du dictionaire univerſel, apelé comunément Dictionaire de Trévoux; c'eſt au ſujet d'une ſorte de lame d'épée qu'on apèle *Olinde* : les olindes nous vièrent d'Alemagne, & ſurtout de la ville de *Solingen*, dans le cercle de Weſtphalie : on prononce *Solingue*. Il y a aparence que c'eſt du nom de cette ville que les épées dont je parle, ont été apelées des *olindes* par abus. Le nom d'*olinde*, nom romaneſque, étoit dèja conu, come le nom de *Silvie*; ces ſortes d'abus ſont aſſez ordinaires en fait d'étimologie: Quoiqu'il en ſoit, M. Ménage & les Auteurs du Dictionaire de Trévoux n'ont point rencontré heureuſement , quand ils ont dit que *les Olindes ont été ainſi apelées de la ville d'Olinde dans le Bréſil, d'où* ils nous diſent que *ces ſortes de lames ſont venues.* Les ouvrages de fer ne vièrent point de ce pays-là : il nous vient du Bréſil une ſorte de bois que nous apelons *bréſil*, il en vient auſſi du ſucre, du tabac, du baume, de l'or , de l'argent, &c : mais on y porte le fer de l'Europe , & ſurtout le fer travaillé.

La ville de Damas en Syrie, au pié du mont Liban, a doné son nom à une sorte de sabres & de couteaux qu'on y fait : *il a un vrai Damas*, c'est-à-dire, un sabre ou un couteau qui a été fait à Damas.

On done aussi le nom de *Damas* à une sorte d'étofe de soie, qui a été fabriquée originairement dans la ville de Damas ; on a depuis imité cette sorte d'étofe à Venise, à Gènes, à Lion, &c. ainsi on dit *Damas de Venise, de Lion*, &c. On done encore ce nom à une sorte de prune, dont la peau est fleurie de façon qu'elle imite l'étofe dont nous venons de parler.

Faïance est une ville d'Italie dans la Romagne : on y a trouvé la manière de faire une sorte de vaissèle de terre vernissée qu'on apèle *de la faïance* ; on a dit ensuite par métonymie qu'on fait de fort belles *faïances* en Holande, à Nevers, à Rouen, &c.

C'est ainsi que *le Lycée* se prend pour les disciples d'Aristote, ou pour la doctrine qu'Aristote enseignoit dans le Lycée. *Le Portique* se prend pour la Philosophie que Zénon enseignoit à ses disciples dans le Portique.

Le Lycée étoit un lieu près d'Athènes, où Aristote enseignoit la Philosophie en se promenant avec ses disciples ; ils furent apelés

Péripatéticiens du grec *peripateo*, je me promène: on ne *pense point ainsi dans le Lycée*, c'est-à-dire, que les disciples d'Aristote ne sont point de ce sentiment.

Les anciens avoient de magnifiques portiques publics où ils aloient se promener, c'étoient des galeries basses soutenues par des colones ou par des arcades, à peu près come la Place Royale de Paris, & come les cloitres de certaines grandes maisons religieuses. Il y en avoit un entr'autres fort célèbre à Athènes, où le philosophe Zénon tenoit son école: ainsi par *le Portique* on entend souvent la philosophie de Zénon, la doctrine des Stoïciens; car les disciples de Zénon furent apelés *Stoïciens* du grec *stoa*, qui signifie *portique*. *Le Portique n'est pas toujours d'acord avec le Lycée*, c'est-à-dire, que les sentimens de Zénon ne sont pas toujours conformes à ceux d'Aristote.

Rousseau, pour dire que Cicéron dans sa maison de campagne méditoit la philosophie d'Aristote & celle de Zénon, s'explique en ces termes :

C'est là que ce Romain, dont l'éloquente voix,
D'un joug presque certain, sauva sa République,
Fortifioit son cœur dans l'étude des loix,
    Et du Lycée, & du Portique.

περιπατέω,
ámbulo
ánimi cau-
sâ.

stoa.

Rousseau
Liv. 1. ode 3.

Académus laiſſa près d'Athènes un héritage où Platon enſeigna la philoſophie. Ce lieu fut apelé *Académie,* du nom de ſon ancien poſſeſſeur; delà la doctrine de Platon fut apelée *l'Académie.* On done auſſi par extenſion le nom d'*Académie* à diférentes aſſemblées de ſavans qui s'apliquent à cultiver les langues, les ſciences, ou les beaux arts.

Robert Sorbon, confeſſeur & aumonier de S. Louis, inſtitua dans l'Univerſité de Paris cette fameuſe école de Théologie, qui du nom de ſon fondateur eſt apelée *Sorbone :* le nom de *Sorbone* ſe prend auſſi par figure pour les Docteurs de Sorbone, ou pour les ſentimens qu'on y enſeigne : *La Sorbone enſeigne que la puiſſance Eccléſiaſtique ne peut ôter aux Rois les courones que Dieu a miſes ſur leurs têtes, ni diſpenſer leurs ſujets du ſerment de fidélité.* Regnum meum non eſt de hoc mundo.

Joan. c. XVIII. v. 36.

v. Le signe pour la chose signifiee,

Quinault. Phaéton, act. 11. ſc. 5.

Dans ma vieilleſſe languiſſante,
Le Septre que je tiens pèſe à ma main tremblante.

C'eſt-à-dire, je ne ſuis plus dans un âge convenable pour me bien aquiter des ſoins que demande la Royauté. Ainſi le *Septre* ſe prend pour l'autorité royale ; *le bâton de Maréchal de France*, pour la dignité de Maréchal de France ; *le chapeau de Cardinal*, & même fimplement *le chapeau* fe dit pour le Cardinalat.

L'épée fe prend pour la profeffion militaire ; *la Robe* pour la Magiftrature, & pour l'état de ceux qui fuivent le barreau.

> A la fin j'ai quité la Robe pour l'Epée.

Cicéron a dit que les armes doivent céder à la robe.

Cedant arma togæ ; concédat laúrea linguæ.

C'eft-à-dire, come il l'explique lui même, * que la paix l'emporte fur la guerre, & que les vertus civiles & pacifiques font préférables aux vertus militaires.

» La lance, dit Mézerai, étoit autrefois la » plus noble de toutes les armes dont fe fer- » viffent les Gentilshomes françois : « la quenouille étoit auffi plus fouvent qu'aujourd'hui entre les mains des femmes : Delà on dit en plufieurs ocafions *lance* pour fignifier un home, & *quenouille* pour marquer une femme : *fief qui tombe de lance en quenouille*, c'eft-à-

Corn. le Menteur, act. 1. fc. 1. v. 1.

Mezerai. Hift. de France, in fol. tom. 3. p. 900.

---

* More Poetárum locútus hoc intélligi vólui, bellum ac tumúltum paci atque ótio conceffúrum. *Cic.* Orat. in Pifon. n. 73. aliter xxx.

dire, fief qui paſſe des mâles aux femmes. *Le Royaume de France ne tombe point en quenouille*, c'eſt-à-dire, qu'en France les femmes ne ſuccèdent point à la courone : mais les Royaumes d'Eſpagne, d'Angleterre, & de Suède, tombent en quenouille : les femmes peuvent auſſi ſuccéder à l'Empire de Moſcovie.

C'eſt ainſi que du tems des Romains les *faiſceaux* ſe prenoient pour l'autorité conſulaire ; les aigles romaines, pour les armées des Romains qui avoient des aigles pour enſeignes. L'Aigle qui eſt le plus fort des oiſeaux de proie, étoit le ſymbole de la victoire chez les Egyptiens.

Saluſte a dit que Catilina, après avoir rangé ſon armée en bataille, fit un corps de réſerve des autres enſeignes, c'eſt-à-dire des autres troupes qui lui reſtoient, *réliqua ſigna in ſubſidiis árctiùs cóllocat.*

On trouve ſouvent dans les auteurs latins *Pubes* poil folet, pour dire *la jeuneſſe, les jeunes gens ;* c'eſt ainſi que nous diſons familiérement à un jeune home, *vous êtes une jeune barbe ;* c'eſt-à-dire, vous n'avez pas encore aſſez d'expérience. *Canities* les cheveux blancs, ſe prend auſſi pour la vieilleſſe. * *Non dedúces canitiem ejus ad inferos.* ** *Deducétis canos meos cum dolóre ad inferos.*

Saluſt. Catil.

* 3. Reg. c. 2. v. 6.
** Gen. c. 42. v. 38.

Les divers symboles dont les anciens se font servis & dont nous nous servons encore quelquefois pour marquer ou certaines Divinités, ou certaines nations, ou enfin les vices & les vertus, ces symboles, dis-je, font souvent employés pour marquer la chose dont ils font le symbole.

> Envain au *Lion* belgique
> Il voit l'*Aigle* germanique
> Uni sous les *Leopards*.

Boileau Ode sur la prise de Namur.

Par *le Lion* belgique le poète entend les Provinces unies des pays bas: par l'*Aigle* germanique, il entend l'Allemagne ; & par les *Léopards* il désigne l'Angleterre qui a des léopards dans ses armoiries.

> Mais qui fait enfler la Sambre,
> Sous les *Jumeaux* éfrayès ?

id. ibid.

Sous *les Jumeaux*, c'est-à-dire, à la fin du mois de Mai & au comencement du mois de Juin. Le Roi assiégea Namur le 26. de Mai 1692. & la ville fut prise au mois de Juin suivant. Chaque mois de l'année est désigné par un signe vis-à-vis duquel le soleil se trouve depuis le 21. d'un mois ou environ, jusqu'au 21. du mois suivant.

Sunt Aries, Taurus, Gémini, Cancer, Leo, Virgo,
Libráque, Scórpius, Arcítenens, Caper, Amphora,
    Pifces.

Aries, le Bélier comence vers le 21. du mois
de Mars, ainfi de fuite.

» Les villes, les fleuves, les régions, &
» même les trois parties du monde avoient
» autrefois leurs fymboles, qui étoient come
» des armoiries par lefquelles on les diftin-
» guoit les unes des autres.

Montf. An-
tiq. expliq.
tom. III.
p. 183.

Le trident eft le fymbole de Neptune : le
pan eft le fymbole de Junon : l'olive ou l'olivier eft le fymbole de la paix & de Minerve,
Déeffe des beaux arts : le laurier étoit le fymbole de la victoire ; les vainqueurs étoient
couronés de laurier, même les vainqueurs
dans les arts & dans les fciences, c'eft-à-dire,
ceux qui s'y diftinguoient au deffus des autres.
Peut-être qu'on en ufoit ainfi à l'égard de ces
derniers, parce que le laurier étoit confacré
à Apollon Dieu de la poéfie & des beaux
arts. Les Poètes étoient fous la protection
d'Apollon & de Bacchus ; ainfi ils étoient
couronés, quelquefois de laurier, & quelquefois de lierre, *doctárum éderæ præmia fróntium.*

Hor. l. 1.
Od. 1.v.29.
Voyez auffi
le prologue
de Perfe.

La palme étoit auffi le fymbole de la victoire. On dit d'un faint qu'il a remporté la
palme

palme du martire. Il y a dans cette expreffion une métonymie, *palme* fe prend pour *victoire*, & de plus l'expreffion eft métaphorique;
la victoire dont on veut parler eft une victoire fpirituèle.

» A l'autel de Jupiter, dit le P. de Mont-
» faucon, on métoit des feuilles de hêtre : à
» celui d'Apollon, de laurier : à celui de Mi-
» nerve, d'olivier : à l'autel de Vénus, de myr-
» te : à celui d'Hercule, de peuplier : à celui
» de Bacchus, de lierre : à celui de Pan , des
» feuilles de pin.

VI. Le nom abstrait pour le
concret. J'explique dans un article ex-
près le fens abftrait & le fens concret, j'ob-
ferverai feulement ici que *blancheur* eft un terme abftrait ; mais quand je dis que *ce papier
eft blanc*, *blanc* eft alors un terme concret. *Un
nouvel efclavage fe forme tous les jours pour vous*,
dit Horace, c'eft-à-dire, vous avez tous les
jours de nouveaux efclaves. *Tibi fervitus cref-
cit nova*. *Sérvitus* eft un terme abftrait, au lieu
de *fervi*, ou *novi amatóres qui tibi ferviant*. *Invi-
diâ major*, au deffus de l'envïe, c'eft-à-dire,
triomphant de mes envieux.

Cuftódia, garde, confervation, fe prend en latin
pour ceux qui gardent, *noftem cuftódia ducit in-
fomnem*.

F

Spes, l'efpérance, fe dit fouvent pour ce qu'on efpère. *Spes quæ différtur affligit ánimam.*

Petítio, demande, fe dit auffi pour la chofe demandée. *Dedit mihi dóminus petitiónem meam.*

C'eft ainfi que Phèdre a dit, *tua calámitas non fentíret*, c'eft-à-dire, *tu calamitófus non fentíres. Tua calámitas* eft un terme abftrait, au lieu que *tu calamitófus* eft le concret. *Credens colli longitúdinem* ⋆ pour *collum longum* : & encore *corvi ftupor* ⋆⋆ qui eft l'abftrait, pour *corvus ftúpidus* qui eft le concret. Virgile a dit de même, *ferri rigor* ⋆⋆⋆ qui eft l'abftrait, au lieu de *ferrum rígidum* qui eft le concret.

VII. Les parties du corps qui font regardées come le fiège des paffions & des fentimens intérieurs, fe prènent pour les fentimens mêmes : c'eft ainfi qu'on dit *il a du cœur*, c'eft-à-dire, du courage.

Obfervez que les anciens regardoient le cœur come le fiège de la fageffe, de l'efprit, de l'adreffe : ainfi *habet cor* ⋆ dans Plaute, ne veut pas dire come parmi nous, elle a du courage, mais elle a de l'efprit ; *vir cordátus* veut dire en latin *un home de fens*, qui a un bon difcernement.

Cornutus, philofophe Stoïcien, qui fut le

maitre de Perſe , & qui a été enſuite le co-
mentateur de ce poète, fait cette remarque
ſur ces paroles de la première ſatire : *Sum pe-*
tulánti ſplene cachinno. » Phyſici dicunt hómines
» ſplene ridére, felle iráſci, jécore amáre, cor-
» de ſápere & pulmóne jaƈtári. « Aujourd'hui
on a d'autres lumières.

Perſe dit que le *ventre* c'eſt-à-dire , la faim , Perſe.
le beſoin , *a fait aprendre aux pies & aux corbeaux* prolog.
à parler.

La *cervèle* ſe prend auſſi pour l'eſprit, le
jugement ; *O la belle tête !* s'écrie le renard dans O quanta
Phédre , *quel domage, elle n'a point de cervèle !* On ſpécies ! cé-
dit d'un étourdi que c'eſt une tête ſans *cervèle:* rebrum non
Ulyſſe dit à Uryale , ſelon la traduƈtion de habet. Ph.
Madame Dacier, *jeune home vous avez tout l'air* l. 1. fab. 7.
d'un écervelé : c'eſt-à-dire, come elle l'explique Odyſſ. T.2.
dans ſes ſavantes remarques, *vous avez tout l'air* P. 13.
d'un home peu ſage. Au contraire, quand on dit,
c'eſt un home de tête, c'eſt une bone tête; on veut dire
que celui dont on parle , eſt un habile home ,
un home de jugement. *La tête lui a tourné,* c'eſt-
à-dire , qu'il a perdu le bon ſens, la préſence
d'eſprit. *Avoir de la tête,* ſe dit auſſi figurément
d'un opiniatre : *Tête de fer,* ſe dit d'un home
apliqué ſans relâche , & encore d'un entêté.

La langue, qui eſt le principal organe de la

parole, fe prend pour la parole : *c'eft une méchante langue*, c'eft-à-dire, c'eft un médifant,
avoir la langue bien pendue, c'eft avoir le talent de la parole, c'eft parler facilement.

VIII. Le nom du maitre de la maifon fe
prend auffi pour la maifon qu'il ocupe : Virgile a dit, *jam próximus ardet Ucálegon*, c'eft-à-dire,
le feu a déja pris à la maifon d'Ucalégon.

On done auffi aux pièces de monoie le
nom du Souverain dont elles portent l'em-
preinte. *Ducéntos Philippos reddat aúreos* : qu'elle
rende deux cens *Philipes* d'or : nous dirions
deux cens *Louis* d'or.

Voilà les principales efpèces de métonymie. Quelques uns y ajoutent la métonymie
par laquelle on nome ce qui précède pour ce
qui fuit, ou ce qui fuit pour ce qui précède;
c'eft ce qu'on apèle L'ANTECEDENT POUR LE
CONSEQUENT OU LE CONSEQUENT POUR
L'ANTECEDENT, on en trouvera des exemples
dans la métalepfe qui n'eft qu'une efpèce de
métonymie à laquelle on a doné un nom particulier : au lieu qu'à l'égard des autres efpèces de métonymie, dont nous venons de parler, on fe contente de dire métonymie de la
caufe pour l'éfet, métonymie du contenant
pour le contenu, métonymie du figne, &c.

Æn. 2. v.
3.12.

*Plaute*Bac-
chid.act.IV.
fc. 2. v.8.

III.

MÉTALEPSE.

LA Métalepse eſt une eſpèce de métony- mie, par laquelle on exprime ce qui ſuit pour faire entendre ce qui précède ; ou ce qui précède pour faire entendre ce qui ſuit ; elle ouvre, pour ainſi dire, la porte, dit Quinti- lien, afin que vous paſſiez d'une idée à une autre, *ex álio in áliud viam præſtat* ; c'eſt l'anté- cédent pour le conſéquent, ou le conſéquent pour l'antécédent, & c'eſt toujours le jeu des idées acceſſoires dont l'une réveille l'autre.

Μετάληψις· Tranſmu- tátio : μετὰ, trans. λαμ- βάνω, cápio.

Inſt. orat. l. VIII. c. 6.

Le partage des biens ſe feſoit ſouvent & ſe fait encore aujourd'hui, en tirant au ſort : Joſué ſe ſervit de cette manière de par- tager. *

Le ſort précède le partage ; delà vient que *ſors* en latin ſe prend ſouvent pour le parta- ge même, pour la portion qui eſt échue en partage ; c'eſt le nom de l'antécédent qui eſt doné au conſéquent.

* Cumque ſurrexíſſent viri , ut pérgerent ad deſcribéndam terram , præcépit eis Jóſue dicens : circúite terram & deſ- críbite eam ac revertímini ad me : ut hîc coram dómino , in Silo mittam vobis ſortem. *Joſue*, ch. XVIII. v. 8.

Sors signifie encore jugement, arrêt, c'é-
toit le sort qui décidoit chez les Romains,
du rang dans lequel chaque cause devoit être
plaidée : * ainsi quand on a dit *sors* pour
jugement, on a pris l'antécédent pour le conséquent.

Sortes en latin se prend encore pour un ora-
cle, soit parce qu'il y avoit des oracles qui se
rendoient par le sort, soit parce que les réponses des oracles étoient come autant de
jugemens qui régloient la destinée, le partage, l'état de ceux qui les consultoient.

On croit avant que de parler ; je crois, *
dit le Prophète, & c'est pour cela que je parle : Il n'y a point là de métalepse : mais il y
a une métalepse quand on se sert de *parler* ou de *dire* pour signifier *croire* ; direz-
vous après cela que je ne suis pas de vos amis?
c'est-à-dire, croirez-vous ? aurez vous sujet
de dire ?

Cedo veut dire dans le sens propre, *je cède , je me*

Crédidi,
propter
quod locú-
tus fum.Pf.
115. v. 1.

---

* Ex more románo non audiebántur causæ , nisi per sor-
tem ordinátæ. Témpore quo causæ audiebántur, conveniè-
bant omnes , unde & concílium : & ex sorte diérum órdi-
nem accipiébant, quo post diem trigésimum suas causas
exequeréntur,unde est *urnam movet.*Servius *in illud Virgilii,*
Nec vero hæ sine forte datæ , sine júdice sedes. *Æn.* l. vi.
v. 431.

rens; cependant, par une métalepse de l'antécédent pour le conséquent ; *cedo* signifie souvent
dans les meilleurs auteurs *dites* ou *donez* : cette
signification vient de ce que quand quelqu'un
veut nous parler & que nous parlons toujours
nous mêmes, nous ne lui donons pas le tems
de s'expliquer : *écoutez-moi*, nous dit-il ; hé bien
je vous céde, je vous écoute, parlez ; *cedo, dic.*

Quand on veut nous doner quelque chose,
nous refusons souvent par civilité, on nous
presse d'accepter, & enfin nous répondons *je
vous céde*, je vous obéis, je me rens, *donez, cedo,
da* ; *cedo* qui est le plus poli de ces deux mots,
est demeuré tout seul dans le langage ordinaire sans être suivi de *dic* ou de *da* qu'on su-
prime par ellipse : *cedo* signifie alors ou l'un
ou l'autre de ces deux mots, selon le sens ;
c'est ce qui précède pour ce qui suit ; & voilà
pourquoi on dit également *cedo*, soit qu'on
parle à une seule persone, ou à plusieurs :
car tout l'usage de ce mot, dit un ancien
Grammairien, c'est de demander pour soi,
cedo sibi poscit & est immobile.

On raporte de même à la métalepse ces fa-
çons de parler, *il oublie les bienfaits*, c'est-à-dire,
il n'est pas reconoissant. *Souvenez-vous de
notre convention*, c'est-à-dire, observez notre

Cornel.
Fronto.
apud autó-
res linguæ
latinæ, p.
1335. V.
cedo.

convention : *Seigneur, ne vous reſſouvenez point
de nos fautes* , c'eſt-à-dire, ne nous en puniſſez
point, acordez nous en le pardon : *Je ne vous
conois pas* , c'eſt-à-dire, je ne fais aucun cas de
vous, je vous mépriſe, vous êtes à mon égard
come n'étant point.

Il a été , *il a vêcu* , veut dire ſouvent *il eſt
mort* ; c'eſt l'antécédent pour le conſéquent.
. . . . . . C'en eſt fait , Madame, & j'ai vêcu ,
c'eſt-à-dire, je me meurs.

Un mort eſt regreté par ſes amis , ils vou‑
droient qu'il fut encore en vie, ils ſouhaitent
celui qu'ils ont perdu , ils le deſirent : ce ſen‑
timent ſupoſe la mort, ou du moins l'abſen‑
ce de la perſone qu'on regrète. Ainſi *la
mort* , *la perte* ou *l'abſence* ſont l'antécédent ; &
le deſir , *le regret* ſont le conſéquent. Or, en la‑
tin *deſiderári* être ſouhaité ſe prend pour *être
mort* , *être perdu* , *être abſent* , c'eſt le conſé‑
quent pour l'antécédent, c'eſt une métalepſe.
Ex parte Alexandri triginta omninò & duo , ou ſe‑
lon d'autres , *trecenti omninò* , *ex peditibus deſide‑
ráti ſunt* ; du côté d'Alexandre il n'y eut en
tout que trois cens fantaſſins de tués, Ale‑
xandre ne perdit que trois cens homes d'in‑
fanterie. *Nulla navis deſiderabátur* : aucun vaiſ‑
ſeau n'étoit déſiré, c'eſt-à-dire, aucun vaiſ‑

feau ne périt, il n'y eut aucun vaiffeau de perdu.

» Je vous avois promis que je ne ferois que
» cinq ou fix jours à la campagne, dit Horace
» à Mécénas , & cependant j'y ai dèja paffé
» tout le mois d'Aout.

Quinque dies tibi pollícitus me rure futúrum ,
Sextílem totum , mendax , desíderor.

Où vous voyez que *desíderor* veut dire par
métalepfe , je fuis abfent de Rome , je me
tiens à la campagne.

Par la mème figure *defiderári* fignifie encore
manquer (*deficere*) être tel que les autres aient
befoin de nous. » Les Thébains , par des in-
» trigues particulières, n'aïant point mis Epa-
» minondas à la tête de leur armée , reconu-
» rent bientot le befoin qu'ils avoient de fon
» habileté dans l'art militaire : « * *defiderári cœ-*
pta eft Epaminóndæ diligéntia. Cornelius Nepos
dit encore que Ménéclide jaloux de la gloire
d'Epaminondas , exhortoit continuèlement
les Thébains à la paix , afin qu'ils ne fentiffent
point le befoin qu'ils avoient de ce général.
Hortári folébat Thebános, ut pacem bello anteferrent,
ne illius imperatóris ópera defiderarétur.

La métalepfe fe fait donc lorfqu'on paffe
come par degrés d'une fignification à une autre : par exemple, quand Virgile a dit , après

Hor. l. 1.
ep. 7.

Corn. Nep.
Epam. c. 7.

id. c. 5.

Post áliquot mea regna videns mirábor aríf. tas. *Virg.* Ecl. 1. v. 70.

quelques épis, c'eft-à-dire, aprés quelques années : les épis fupofent le tems de la moiſſon, le tems de la moiſſon fupofe l'été, & l'été fupofe la révolution de l'année. Les poètes prènent les hivers, les étés, les moiſſons, les autones, & tout ce qui n'arrive qu'une fois en une année, pour l'année même. Nous difons dans le difcours ordinaire, *c'eſt un vin de quatre feuilles*, pour dire, c'eſt un vin de quatre ans ; & dans les coutumes on trouve *bois de quatre feuilles*, c'eſt-à-dire, bois de quatre années.

Cout. de Loudun, tit. 14. art. 3.

Ainfi le nom des diférentes opérations de l'agriculture fe prend pour le tems de ces opérations, c'eſt le conféquent pour l'antécédent, la moiſſon fe prend pour le tems de la moiſſon, la vendange pour le tems de la vendange ; *il eſt mort pendant la moiſſon*, c'eſt-à-dire, dans le tems de la moiſſon. La moiſſon fe fait ordinairement dans le mois d'Aout, ainfi par métonymie ou métalepfe, on apèle la moiſſon l'*Août* qu'on prononce l'*oû*, alors le tems dans lequel une chofe fe fait fe prend pour la chofe même, & toujours à caufe de la liaifon que les idées acceſſoires ont entre elles.

On raporte auſſi à cette figure ces façons de parler des poètes, par lefquelles ils prènent l'antécédent pour le conséquent, lorsqu'au lieu d'une defcription, ils nous mettent devant les yeux le fait que la defcription fupofe.

» O Menalque ! fi nous vous perdions, dit » Virgile, * qui émailleroit la terre de fleurs? » qui feroit couler les fontaines fous une om- » bre verdoyante ?· « C'eft-à-dire, qui chanteroit la terre émaillée de fleurs ? Qui nous en feroit des defcriptions auffi vives & auffi riantes que celles que vous en faites ? Qui nous peindroit come vous ces ruiffeaux qui coulent fous une ombre verte ?

Le même poëte a dit, ** que » Silène en- » velopa chacune des fœurs de Phaéton avec » une écorce amère, & fit fortir de terre de » grands peupliers ; « c'eft-à-dire, que Silène chanta d'une manière fi vive la métamorpho- fe des fœurs de Phaéton en peupliers qu'on croyoit voir ce changement. Ces façons de parler peuvent être raportées à l'hypotypofe dont nous parlerons dans la fuite.

* Quis cáneret nymphas ? Quis humum florentibus herbis Spárgeret, aut viridi fontes indúceret umbrá ? *Virg* Ecl. IX. V. 19.
** Tum Phaetontíadas mufco circúmdat amáræ Córticis, atque folo procéras érigit alnos. *Virg*. Ecl. VI. V. 62.

✛✛✛✛✛✛✛✛✛✛✛✛✛✛ ✛ ✛✛✛✛✛✛✛✛✛✛✛✛✛✛

IV.

LA SYNECDOQUE. ✳

LE terme de *Synecdoque* fignifie compré-
henfion, conception : en éfet dans la Synecdoque on fait concevoir à l'efprit plus ou

---

✳ On écrit ordinairement *Synecdoche*, voici les raifons qui
me déterminent à écrire *Synecdoque*.

1°. Ce mot n'eft point un mot vulgaire qui foit dans la
bouche des gens du monde, enforte qu'on puiffe les confulter pour conoitre l'ufage qu'il faut fuivre par raport à la
prononciation de ce mot.

2°. Les gens de lettres que j'ai confultés le prononcent di-
férenment, les uns difent *Synecdoche* à la françoife come
Roche, & les autres foutiènent avec Richelet, qu'on doit
prononcer *Synecdoque*.

3°. Ce mot eft tout grec Συνεκδοχή ; il faut donc le prononcer en confervant au χ fa prononciation originale, c'eft
ainfi qu'on prononce & qu'on écrit époque ἐποχή ; *Monarque* μονάρχης & μόναρχος ; Pentateuque, πεντάτευχος; *Andro-
maque*, Ἀνδρομάχη ; *Télémaque*, Τηλέμαχος, &c. On con-
ferve la même prononciation dans *Echo*, Ἠχώ; Ecole, *Scho-
la* Σχολή, &c.

Je crois donc que fynecdoque étant un mot fcientifique qui
n'eft point dans l'ufage vulgaire, il faut l'écrire d'une manière qui n'induife pas à une prononciation peu convenable
à fon origine.

4°. L'ufage de rendre par *ch* le χ des Grecs a introduit
une prononciation françoife dans plufieurs mots que nous
avons pris des Grecs. Ces mots étant devenus comuns &
l'ufage ayant fixé la manière de les prononcer & de les écrire,
refpectons l'ufage, prononçons *catéchifme*, *machine*, *chi-
mére*, *Archidiacre*, *Architecte*, &c. come nous prononç-
çons *chi* dans les mots françois, mais encore un coup *Synecdoque* n'eft point un mot vulgaire, écrivons donc & prononçons Synecdoque.

moins que le mot dont on se sert ne signifie dans le sens propre.

Quand au lieu de dire d'un home qu'il aime *le vin*, je dis qu'il aime la bouteille, c'est une simple métonymie, c'est un nom pour un autre : mais quand je dis *cent voiles* pour cent vaisseaux, non seulement je prens un nom pour un autre, mais je done au mot *voiles* une signification plus étendue que celle qu'il a dans le sens propre ; je prens la partie pour le tout.

La Synecdoque est donc une espèce de métonymie, par laquelle on done une signification particulière à un mot, qui dans le sens propre a une signification plus générale ; ou au contraire, on done une signification générale à un mot qui dans le sens propre n'a qu'une signification particulière. En un mot, dans la métonymie je prens un nom pour un autre, au lieu que dans la synecdoque, je prens *le plus* pour *le moins*, ou *le moins* pour *le plus*.

Voici les diférentes sortes de Synecdoques que les Grammairiens ont remarquées.

I. S Y N E C D O Q U E D U G E N R E : come quand on dit *les mortels* pour les homes, le terme de *mortels* devroit pourtant comprendre aussi les animaux qui sont sujets à la mort auſſi bien que nous : Ainſi, quand par *les mor-tels* on n'entend que les homes , c'eſt une ſynecdoque du genre : on dit *le plus* pour *le moins.*

Dans l'Ecriture Sainte, *créature* ne ſignifie ordinairement que les homes ; c'eſt encore ce qu'on apèle la ſynecdoque du genre , parce qu'alors un mot générique ne s'entend que d'une eſpèce particulière : *créature* eſt un mot générique, puiſqu'il comprend toutes les eſpéces de choſes créées , les arbres , les animaux, les métaux , &c. Ainſi lorſqu'il ne s'entend que des homes , c'eſt une ſynecdoque du genre, c'eſt-à-dire , que ſous le nom du genre, on ne conçoit , on n'exprime qu'une eſpèce particulière ; on reſtraint le mot générique à la ſimple ſignification d'un mot qui ne marque qu'une eſpèce.

Nombre eſt un mot qui ſe dit de tout aſſemblage d'unités : les Latins ſe ſont quelquefois ſervis de ce mot en le reſtraignant à une eſpèce particulière.

1. Pour marquer l'harmonie, le chant : il y a dans le chant une proportion qui ſe compte. Les Grecs apèlent auſſi *ruthmos* tout ce qui ſe fait avec une certaine proportion. *quidquid certo modo & ratióne fit.*

. . . . . .Números mémini , fi verba tenérem. Virg. Ecl.
IX. v. 45.

» Je me reſſouviens de la meſure, de l'har-
» monie , de la cadence , du chant, de l'air ;
» mais je n'ai pas retenu les paroles.

2. *Númerus* ſe prend . encore en particulier
pour les vers ; parce qu'en éfet les vers ſont
compoſés d'un certain nombre de piés ou de
ſylabes : *Scribimus números* , nous feſons des Perſe ſat. 1.
v. 13.
vers.

3. En françois nous nous ſervons auſſi de
nombre & de *nombreux* , pour marquer une certaine harmonie , certaines meſures , propor-
tions ou cadences , qui rendent agréables à
l'oreille un air , un vers , une période , un
diſcours. Il y a un certain nombre qui rend
les périodes harmonieuſes. On dit d'une pé-
riode qu'elle eſt fort nombreuſe, *numeróſa orá-* Cic. Orat.
n. LVIII.
aliter 158.
&c.
tio ; c'eſt-à-dire, que le nombre des ſylabes
qui la compoſent eſt ſi bien diſtribué , que l'o-
reille en eſt frapée agréablement : *númerus* a
auſſi cette ſignification en latin. *In oratióne* Cic. Orat.
n. LI. *aliter*
170. 171.
172.
númerus *latinè , græcè* ρυθμὸς, *inéſſe dícitur. . . .*
. . . *Ad capiéndas aures ,* ajoute Cicéron, *númeri*
ab oratòre quæruntur : & plus bas il s'exprime en
ces termes : *Ariſtóteles verſum in oratióne vetat eſſe,*
númerum jubet. Ariſtote ne veut point qu'il ſe
trouve un vers dans la proſe , c'eſt-à-dire , .

qu'il ne veut point que lorsqu'on écrit en
profe il fe trouve dans le difcours le même
affemblage de piés, ou le même nombre de
fylabes qui forment un vers. Il veut cependant que la profe ait de l'harmonie ; mais
une harmonie qui lui foit particulière, quoiqu'elle dépende également du nombre des
fylabes & de l'arangement des mots.

11. Il y a au contraire la SYNECDOQUE
DE L'ESPECE : c'eft lorfqu'un mot, qui dans
le fens propre ne fignifie qu'une efpèce particulière, fe prend pour le genre ; c'eft ainfi
qu'on apèle quelquefois *voleur* un méchant
home. C'eft alors prendre *le moins* pour marquer *le plus*.

Il y avoit dans la Theffalie, entre le mont
Offa & le mont Olympe, une fameufe plaine
apelée *Tempé*, qui paffoit pour un des plus
beaux lieux de la Grèce, les Poètes grecs &
latins fe font fervis de ce mot particulier
pour marquer toutes fortes de belles campagnes.

» Le doux fomeil, dit Horace, n'aime
» point le trouble qui regne chez les grands,
» il fe plait dans les petites maifons des ber-
» gers, à l'ombre d'un ruiffeau, ou dans ces
» agréables campagnes dont les arbres ne font
agités

» agités que par le zéphire ; « & pour marquer ces campagnes il se sert de *Tempe* :

. . . Somnus agréstium
Lenis virórum , non húmiles domós
Fastidit , umbrosámque ripam ,
Non zéphyris agitáta Tempe.

Hor. l. 3.
ode 1. v. 22.

Le mot de *corps* & le mot d'*ame* se prènent aussi quelquefois séparément pour tout
l'home : on dit populairement, surtout dans
les provinces, *ce corps là* pour cet home là ;
voilà un plaisant corps, pour dire un plaisant per-
sonage. On dit aussi qu'*il y a cent mile ames
dans une vile*, c'est-à-dire, cent mile habitans.
Omnes ánimæ domûs Jacob , toutes les persones
de la famille de Jacob. *Génuit sexdecim ánimas* ,
il eut seize enfans.

Gen. c. 46.
v. 27
ibid. v. 18.

III. SYNECDOQUE DANS LE NOMBRE.
c'est lorsqu'on met un singulier pour un plurier , ou un plurier pour un singulier.

1. *Le Germain révolté* , c'est-à-dire, les Ger-
mains, les Alemans, *l'énemi vient à nous* , c'est-
à-dire, *les énemis.* Dans les historiens latins
on trouve souvent *pedes* pour *pédites* ; le fan-
tassin pour les fantassins, l'Infanterie.

2. Le plurier pour le singulier. Souvent
dans le stile sérieux on dit *nous* au lieu de *je*,

G

Quod dictum est per Prophétas. Matt. c. 2. v. 23.

& de même, *Il est écrit dans les Prophètes*, c'est-à-dire, dans un des livres de quelqu'un des Prophètes.

3. Un nombre certain pour un nombre incertain. *Il me l'a dit, dix fois, vint fois, cent fois, mile fois,* c'est-à-dire, plusieurs fois.

4. Souvent pour faire un compte rond, on ajoute ou l'on retranche ce qui empêche que le compte ne soit rond : ainsi on dit *la version des septante*, au lieu de dire la version des soixante & douze interprètes, qui, selon les Péres de l'Eglise, traduisirent l'Ecriture Sainte en grec, à la prière de Ptolomée Philadelphe Roi d'Egypte, environ trois cens ans avant Jésus-Christ. Vous voyez que c'est toujours ou *le plus* pour *le moins*, ou au contraire *le moins* pour *le plus*.

IV. LA PARTIE POUR LE TOUT, & LE TOUT POUR LA PARTIE. Ainsi *la tête* se prend quelquefois pour toùt l'home : c'est ainsi qu'on dit comunément, *on a payé tant par tête*, c'est-à-dire, tant pour chaque persone ; *une tête si chère*, c'est-à-dire, une persone si précieuse, si fort aimée.

Quand les Poètes disent *après quelques moissons, quelques étés, quelques hivers*, c'est-à-dire, après quelques années.

L'onde, dans le sens propre signifie une va-gue, un flot ; cependant les poètes prènent ce mot ou pour la mer, ou pour l'eau d'une rivière, ou pour la rivière même.

> Vous juriez autrefois que cette onde rebèle
> Se feroit vers sa source une route nouvèle ;
> Plutot qu'on ne verroit votre cœur dégagé ;
> Vóyez couler ces flots dans cette vaste plaine ;
> C'est le mème penchant qui toujours les entraine ;
> Leur cours ne change point, & vous avez changé.

Quinault, Isis, act. 1, sc. 3.

Dans les poètes latins *la poupe* ou la *proue* d'un vaisseau se prènent pour tout le vaisseau. On dit en françois *cent voiles*, pour dire cent vais-seaux. *Tectum*, le toit, se prend en latin pour toute la maison : *Ænéan in régia ducit tecta*, elle mène Énée dans son palais.

Virg. Æn. 1. v. 635.

La porte, & mème *le seuil de la porte*, se prè-nent aussi en latin pour toute la maison ; tout le palais, tout le temple. C'est peut-être par cette espèce de synecdoque qu'on peut doner un sens raisonable à ces vers de Virgile :

> Tum foribus Divæ, médiâ testúdine templi,
> Septa armis, solióque altè subníxa resédit.

Æn. 1. v. 509.

Si Didon étoit assise à la porte du temple, *foribus Divæ*, coment pouvoit-elle être as-

fife en même tems fous le milieu de la voute,
médiâ teftúdine ? C'eft que par *fóribus Divæ*, il
faut entendre d'abord en général le temple ;
elle vint au temple & fe plaça fous la voute.

Lorfqu'un citoyen romain étoit fait ef-
clave, fes biens apartenoient à fes héritiers ;
mais s'il revenoit dans fa patrie, il rentroit
dans la poffeffion & jouiffance de tous fes
biens : ce droit, qui eft une efpèce de droit
de retour, s'apeloit en latin *jus poftliminii* ; de
poft, après, & de *limen*, le feuil de la porte,
l'entrée.

Porte, par fynecdoque & par antonomafe,
fignifie auffi la cour du Grand Seigneur, de
l'Empereur Turc. On dit *faire un traité avec la
Porte*, c'eft-à-dire avec la Cour Ottomane.
C'eft une façon de parler qui nous vient des
Turcs : ils noment *Porte* par excélence la porte du férail, c'eft le palais du Sultan ou Empereur Turc, & ils entendent par ce mot ce
que nous apelons *la Cour*.

Nous difons *il y a cent feux dans ce vilage*, c'eft-
à-dire, cent familles.

On trouve auffi des noms de viles, de fleuves, ou de pays particuliers, pour des noms
de provinces & de nations. * Les Pélafgiens,

* Eurus ad auróram Nabathæáque regna recéffit. *Ovid.*
Metam. l. I. v. 61.

les Argiens , les Doriens , peuples particuliers de la Grèce , fe prènent pour tous les
Grecs, dans Virgile & dans les autres poètes
anciens.

On voit fouvent dans les poètes *le Tibre* †
pour les Romains ; *le Nil* pour les Egyptiens;
la Seine pour les François.

* Chaque climat produit des favoris de Mars ,
La Seine a des Bourbons, le Tibre a des Céfars.

†† Fouler aux piés l'orgueil & du Tage & du Tibre.

Par *le Tage* il entend les Efpagnols, le Tage
eft une des plus célèbres rivières d'Efpagne.

v. On fe fert fouvent du nom de LA MATIERE
POUR marquer LA CHOSE QUI EN EST FAITE , le
pin ou quelqu'autre arbre fe prend dans les
poètes pour un vaiffeau ; on dit comunément
de l'argent pour des pièces d'argent, de la monoie. *Le fer* fe prend pour l'épée:*périr par le fer.*
Virgile s'eft fervi de ce mot pour le foc de
la charue :

At prius ignótum ferro quam fcíndimus æquor.

* Boileau
Ep. 1.

†† *Idem*,
Difcours
au Roi.

1. Georg.
v. 50.

† Cum Tíberi Nilo , grátia nulla fuat. *Prop. l. 2. Eleg.*
33. v. 20. Per Tiberim Românos , per Nilum Ægyptios
intellígito. *Beroald. in Propert.*

G iij

M. Boileau dans son ode sur la prise de Namur, a dit *l'airain* pour dire les canons :

> Et par cent bouches horribles
> L'*airain* sur ces monts terribles
> Vomit le fer & la mort.

L'*airain* en latin *æs*, se prend aussi fréquemment pour la monoie, les richesses : la première monoie des Romains étoit de cuivre : *æs aliénum*, le cuivre d'autrui, c'est-à-dire, le bien d'autrui, qui est entre nos mains, nos dettes, ce que nous devons.

Enfin *æra* se prend pour des vases de cuivre, pour des trompètes, des armes, en un mot, pour tout ce qui se fait de cuivre.

Dieu dit à Adam, tu es poussière & tu retourneras en poussière, *pulvis es & in púlverem revertéris*, c'est-à-dire, tu as été fait de poussière, tu as été formé d'un peu de terre.

Gen. c. 3. v. 19.

Virgile s'est servi du nom de l'éléphant, pour marquer simplement de l'ivoire ; * c'est ainsi que nous disons tous les jours *un castor*, pour dire un chapeau fait de poil de castor, &c.

____

. . . . . * Ex auro, solidóque elephánto. *Georg.* III. v. 26.
Dona dehinc auro grávia sectóque elephánto. *Æn.* III. v. 464.

Le pieux Enée, dit Virgile, * lança sa hafte † avec tant de force contre Mézence,
qu'elle perça le bouclier fait de trois plaques
de cuivre, & qu'elle traversa les piquures de
toile, & l'ouvrage fait de trois *taureaux*, c'est-
à-dire, de trois cuirs. Cette façon de parler
ne seroit pas entendue en notre langue.

Mais il ne faut pas croire qu'il soit permis
de prendre indiféremment un nom pour un
autre, soit par métonymie, soit par synecdoque : il faut, encore un coup, que les expreffions figurées soient autorifées par l'ufage,
ou du moins que le sens litéral qu'on veut
faire entendre, se préfente naturèlement à
l'efprit sans révolter la droite raifon, & sans
bleffer les oreilles acoutumées à la pureté
du langage. Si l'on difoit qu'une armée navale étoit compofée de *cent mats*, ou de *cent
avirons*, au lieu de dire de *cent voiles* pour cent
vaiffeaux, on se rendroit ridicule : chaque
partie ne se prend pas pour le tout, & chaque nom générique ne se prend pas pour une
efpèce particulière, ni tout nom d'efpèce pour
le genre : c'est l'ufage seul qui done à son

† Hafte, pi-
que, lance.
v. le P. de
Montfau-
con, tome
4. p. 65.

---

* Tum pius Ænéas haftam jacit : illa per orbem
Ære cavum triplici per linea terga, tribúfque
Tránfiit intéxtum tauris opus. *Æn.* l. x. v. 783.

gré ce privilège à un mot plutot qu'à un autre.

Ainsi, quand Horace a dit que les combats font en horreur aux méres, *bella mátribus detestáta* ; je suis persuadé que ce poète n'a voulu parler précisément que des méres. Je vois une mére alarmée pour son fils, qu'elle sait être à la guerre, ou dans un combat, dont on vient de lui aprendre la nouvèle : Horace excite ma sensibilité en me fesant penser aux alarmes où les méres sont alors pour leurs enfans ; il me semble même que cette tendresse des méres est ici le seul sentiment qui ne soit pas susceptible de foiblesse ou de quelqu'autre interprétation peu favorable : les alarmes d une maitresse pour son amant, n'oferoient pas toujours se montrer avec la même liberté, que la tendresse d'une mére pour son fils. Ainsi quelque déférence que j'aie pour le savant P. Sanadon, j'avoue que je ne saurois trouver une synecdoque de l'espèce dans *bella mátribus detestáta*. Le P. Sanadon croit que *mátribus* comprend ici, même *les jeunes filles* : voici sa traduction : *Les combats, qui font pour les femmes un objet d'horreur.* Et dans les remarques il dit, que » * les méres redou- »tent la guerre pour leurs époux & pour leurs

» enfans ; mais les jeunes filles, ajoute-t-il,
» ne DOIVENT pas moins la redouter pour
» les objets d'une tendreſſe légitime que la
» gloire leur enlève, en les rangeant ſous les
» drapeaux de Mars. Cette raiſon m'a fait
» prendre *matres* dans la ſignification la plus
» étendue, come les poètes l'ont ſouvent
» employé. Il me ſemble, ajoute-t-il, que ce
» ſens fait ici un plus bel éfet. «

Il ne s'agit pas de doner ici des inſtructions
aux jeunes filles, ni de leur aprendre ce qu'elles doivent faire, lorſque *la gloire leur enlève
les objets de* leur *tendreſſe, en les rangeant ſous
les drapeaux de Mars* ; c'eſt-à-dire, lorſque leurs
amans ſont à la guerre ; il s'agit de ce qu'Horace a penſé : or, il me ſemble que le terme
de *méres* n'eſt rélatif qu'à *enfans* ; il ne l'eſt pas
même à *époux,* encore moins aux *objets d'une
tendreſſe légitime.* J'ajouterois volontiers, que
les jeunes filles s'opoſent à ce qu'on les con-
fonde ſous le nom de *méres* ; mais pour parler plus férieuſement, j'avoue que lorſque
je lis dans la traduction du P. Sanadon, que
les combats ſont pour les femmes un objet d'horreur, je
ne vois que des femmes épouvantées ; au lieu
que les paroles d'Horace me font voir une
mére atendrie : ainſi je ne ſens point que l'une

de ces expreſſions puiſſe jamais être l'image de l'autre ; & bien loin que la traduction du P. Sanadon faſſe ſur moi un plus bel éfet, je regrète le ſentiment tendre qu'elle me fait perdre. Mais revenons à la ſynecdoque.

Come il eſt facile de confondre cette figure avec la métonymie, je crois qu'il ne ſera pas inutile d'obſerver que ce qui diſtingue la ſynecdoque de la métonymie, c'eſt 1°. Que la ſynecdoque fait entendre le *plus* par un mot qui dans le ſens propre ſignifie le *moins*, ou au contraire elle fait entendre le *moins* par un mot qui dans le ſens propre marque le *plus*.

2°. Dans l'une & dans l'autre figure il y a une rélation entre l'objet dont on veut parler & celui dont on emprunte le nom ; car s'il n'y avoit point de raport entre ces objets, il n'y auroit aucune idée acceſſoire, & par conſéquent point de trope : mais la rélation qu'il y a entre les objets, dans la métonymie, eſt de telle ſorte, que l'objet dont on emprunte le nom ſubſiſte indépendanment de celui dont il réveille l'idée, & ne forme point un enſemble avec lui : Tel eſt le raport qui ſe trouve entre la *cauſe* & l'*éfet*, entre l'auteur & ſon ouvrage, entre Cérès & le blé ; entre le *contenant* & le *contenu*, come entre la bouteille

& le vin : Au lieu que la liaison qui se trouve entre les objets, dans la synecdoque, supose que ces objets forment un ensemble come le *tout* & la *partie*; leur union n'est point un simple raport, elle est plus intérieure & plus dépendante : c'est ce qu'on peut remarquer dans les exemples de l'une & de l'autre de ces figures.

V.

L'Antonomase.

L'Antonomase est une espèce de synecdoque, par laquelle on met un nom comun pour un nom propre, ou bien un nom propre pour un nom comun. Dans le premier cas, on veut faire entendre que la persone ou la chose dont on parle excèle sur toutes celles qui peuvent être comprises sous le nom comun : & dans le second cas, on fait entendre que celui dont on parle ressemble à ceux dont le nom propre est célèbre par quelque vice ou par quelque vertu.

1. *Philosophe, Orateur, Poète, Roi, Vile, Monsieur,* sont des noms comuns ; cependant l'antonomase en fait des noms particu-

Ἀντονομασία, pronominátio : nom pour un autre de ἀντὶ pour, contre & ὀνομάζω, je nome.

liers qui équivalent à des noms propres.

Quand les anciens difent *le Philofophe*, ils entendent Ariftote.

Quand les Latins difent *l'Orateur*, ils entendent Cicéron.

Quand ils difent *le Poète*, ils entendent Virgile.

Les Grecs entendoient parler de Démofthène, quand ils difoient *l'Orateur*, & d'Homère quand ils difoient *le Poète*.

Quand nos Théologiens difent *le Docteur angélique*, ou *l'Ange de l'Ecole*, ils veulent parler de S. Thomas. Scot eft apelé *le Docteur fubtil*, S. Auguftin *le Docteur de la grace*.

Ainfi on done par excèlence & par antonomafe, le nom de la fcience ou de l'art à ceux qui s'y font le plus diftingués.

Dans chaque royaume, quand on dit fimplement *le Roi*, on entend le Roi du pays où l'on eft ; quand on dit *la vile*, on entend la capitale du royaume, de la province ou du pays dans lequel on demeure.

Virg. Ec.
IX. V. I.
Quò te, Mœri, pedes? an quò via ducit in urbem?
Urbem en cet endroit veut dire la vile de Mantoue : ces bergers parlent par raport au territoire où ils demeurent. Mais quand les anciens parloient par raport à l'Empire Ro-

main, alors par *urbem* ils entendoient la vile de Rome.

Dans les comédies grèques, ou tirées du grec, la vile [*aftu*] veut dire Athènes : *An* * *in aftu venit ?* eft-il venu à la vile ? Cornélius Népos parlant de Thémiftocle & d'Alcibiade, s'eft fervi plus d'une fois de ce mot en ce fens. **

Dans chaque famille, *monfieur*, veut dire le maitre de la maifon.

Les adjectifs ou épitètes font des noms comuns que l'on peut apliquer aux diférens objets aufquels ils convlènent, l'antonomafe en fait des noms particuliers : *l'invincible*, *le conquérant*, *le grand*, *le jufte*, *le fage*, fe difent par antonomafe de certains Princes ou d'autres perfones particulières.

Tite-Live apèle fouvent Annibal *le Carthaginois* ; le Carthaginois, dit-il, avoit un grand nombre d'homes : *abundábat multitúdine hóminum Pœnus.* Didon dit à fa fœur *** *vous mettrez fur le bucher les armes que le per-*

Τὸ ἄςυ, eft urbs, vile. de ςᾶ maneo.

Tit. Liv. L. 21. n. 8.

---

* Téren. Eun. act. v. fc. 6. felon Madame Dacier, & fc. 5. v. 17. felon les éditions vulgaires.

** Xerces prótinus accéffit aftu. *Corn. Nep.* Themift. 4. Alcibíades poftquam aftu venit. *idem* Alcib. 6.

*** Arma viri, tálamo quæ fixa relíquit
Impius . . . fuper impónas. *Æn.* l. iv. v. 495.

fide *a laiſſées*, & par ce perfide elle entend
Enée.

Le Deſtructeur de Cartage & de Numance, ſignifie par antonomaſe Scipion Emilien.

Il en eſt de même des noms patronymiques
dont j'ai parlé ailleurs, ce ſont des noms tirés du nom du pére ou d'un ayeul, & qu'on
done aux deſcendans ; par exemple, quand
Virgile apèle Enée *Anchiſiades*, ce nom eſt
doné à Enée par antonomaſe, il eſt tiré du
nom de ſon pére, qui s'apeloit Anchiſe.
Diomède, héros célèbre dans l'antiquité fabuleuſe, eſt ſouvent apelé *Tydides*, parce qu'il
étoit fils de Tydée, Roi des Etoliens.

Nous avons un recueil ou abrégé des loix
des anciens François, qui a pour titre, *Lex
Sálica*:parmi ces loix il y a un article * qui ex-
clut les femmes de la ſucceſſion aux terres ſa-
liques,c'eſt-à-dire, aux fiefs : c'eſt une loi qu'on
n'a obſervée inviolablement dans la ſuite
qu'à l'égard des femmes qu'on a toujours ex-
cluſes de la ſucceſſion à la courone. Cet
uſage toujours obſervé eſt ce qu'on apèle aujourd'hui *loi ſalique* par antonomaſe, c'eſt-à-
dire, que nous donons à la loi particulière

Æn. l. v.
v. 407.

* De terrâ verò ſálicâ, nulla pórtio hæreditátis mulíeri vé-
niat, ſed ad virilem ſexum tota terræ hæréditas pervéniat.
Lex Sálica. art. 62. de Alode. §. 6.

d'exclure les femmes de la courone, un nom que nos péres donèrent autrefois à un recueil général de loix.

11. La feconde efpèce d'antonomafe eft lorfqu'on prend un nom propre pour un nom comun, ou pour un adjectif.

Sardanapale dernier Roi des Affyriens vivoit dans une extrème moleffe ; du moins tel eft le fentiment comun : delà on dit d'un voluptueux, *c'eft un Sardanapale.*

L'Empereur Néron fut un prince de mauvaifes mœurs, & barbare jufqu'à faire mourir fa propre mére ; delà on a dit des princes qui lui ont reffemblé, c'eft un Néron.

Caton, au contraire, fut recomandable par l'auftérité de fes mœurs : delà S. Jerome a dit d'un hipocrite, c'eft un Caton au dehors, & un Néron au dedans, *intus Nero, foris Cato.*

Mécénas favori de l'Empereur Augufte, protégeoit les gens de lettres : on dit aujourd'hui d'un feigneur qui leur acorde fa protection, *c'eft un Mécénas.*

Mais fans un Mécénas à quoi fert un Augufte ? c'eft-à-dire, fans un protecteur.

Irus étoit un pauvre de l'ile d'Itaque qui étoit à la fuite des amans de Pénélope, il a doné lieu au proverbe des anciens, *plus pau-*

Hier. l. 2. Ep. 13. Ruft. Monach. fub fin. Lugd. p. 227. & Paris, edit. 1718. p. 386.

Boileau, Sat. 1. v. 86.

Homer. Odyff. l. 18.

vre qu'Irus. Au contraire Créſus Roi de Ly‑
die fut un prince extrèmement riche ; delà on
trouve dans les poètes *Irus* pour un pau‑
vre & *Créſus* pour un riche :

Irus & eſt ſubitò qui modò Crœſus erat.

. . . . . Non diſtat Crœſus ab Iro. †

Zoïle fut un critique paſſioné & jaloux :
ſon nom ſe dit encore * d'un home qui a les
mèmes défauts ; Ariſtarque, au contraire, fut
un critique judicieux : l'un & l'autre ont cri‑
tiqué Homère : Zoïle l'a cenſuré avec aigreur
& avec paſſion, mais Ariſtarque l'a critiqué
avec un ſage dicernement, qui l'a fait regarder
come le modèle des critiques : on a dit de ceux
qui l'ont imité qu'ils étoient des Ariſtarques.

Et de moi même Ariſtarque incomode :

C'eſt-à-dire, *cenſeur*. Liſez vos ouvrages, dit
Horace, ** à un ami judicieux : il vous en fera

Ovid. Triſt.
III. Eleg. 7.
v. 42.
† Propert.
l. III. Eleg.
4. v. 39.

Rouſſeau,
Ep. 1. aux
Muſes.

---

* Ingénium magni detréctat livor Homéri :
Quiſquis es, ex illo, Zóile, nomen habes. *Ovid.*
Remed. amor. v. 365.
** Vir bonus ac prudens verſus reprehéndet inértes,
Culpábit duros, incómptis ádlinet atrum
Tranſvérſo cálamo ſignum ; ambitióſa recídet
Ornaménta, parum claris lucem dare coget ;
Arguet ambiguè dictum ; mutánda notábit,
Fiet Ariſtárchus. *Horat.* art. poet. v. 444.

ſentir

fentir les défauts, il fera pour vous un *Arif-tarque*.

Therfite fut le plus malfait, le plus lâche, le plus ridicule de tous les Grecs: Homère a rendu les défauts de ce grec fi célèbres & fi conus, que les anciens ont fouvent dit un *Therfite* pour un home diforme, un home méprifable. C'eft dans ce dernier fens que M. de la Bruyère a dit, » jetez moi dans les troupes come » un fimple foldat, je fuis Therfite ; metez » moi à la tête d'une armée dont j'aie à ré- » pondre à toute l'Europe, je fuis Achile.

La Bruyère, caract. Des Grands.

Edipe célèbre dans les tems fabuleux pour avoir deviné l'énigme du Sphinx, a doné lieu à ce mot de Térence, *Davus fum, non Oédipus.*

Ter. Andr. act. 1. fc. 2.

Je fuis Dave, Seigneur, & ne fuis pas Edipe.

C'eft-à-dire, je ne fai point deviner les difcours énigmatiques. Dans notre Andriène françoife on a traduit,

Je fuis Dave, Monfieur, & ne fuis pas devin :

And. act. 1. fc. 3.

Ce qui fait perdre l'agrément & la juftefle de l'opofition entre Dave & Edipe : *je fuis Dave,* donc *je ne fuis pas Edipe,* la conclufion eft jufte ; au lieu que, *je fuis Dave,* donc *je ne fuis pas devin,* la conféquence n'eft pas bien tirée, car il pouroit être Dave & devin.

M. Saumaife a été un fameux critique dans

le dixseptième siècle : c'est ce qui a doné lieu à ce vers de Boileau,

Boileau,
Epit. à son
esprit, c'est
la IX.

Aux Saumaises futurs préparer des tortures, c'est-à-dire, aux critiques, aux comentateurs à venir.

Xantipe, femme du philosophe Socrate, étoit d'une humeur fâcheuse & incomode : on a doné son nom à plusieurs femmes de ce caractère.

Pénélope & Lucrèce se sont distinguées par leur vertu, telle est du moins leur comune réputation : on a doné leur nom aux femmes qui leur ont ressemblé : au contraire, les femmes débauchées ont été apelées des Phrynès ou des Laïs, ce sont les noms de deux fameuses courtisanes de l'anciène Grèce.

Boileau,
Sat. X.

Aux tems les plus féconds en Phrynès, en Laïs, Plus d'une Pénélope honora son pays.

Typhis fut le pilote des Argonautes ; Automédon fut l'écuyer d'Achile, c'étoit lui qui menoit son char : delà on a doné les noms de Typhis & d'Automédon à un home qui par des préceptes mène & conduit à quelque science ou à quelque art. C'est ainsi qu'Ovide a dit qu'il étoit le Typhis & l'Automédon de l'art d'aimer.

Ovid. de
Art. Ama.
l. I. v. 8.

Typhis & Automedon dicar amoris ego.

Sous le regne de Philipes de Valois le Dauphiné fut réüni à la courone. * *Humbert Dauphin de Viennois*, qui se fit ensuite Religieux de l'ordre de S. Dominique, *se dessaisit & devestit du Dalphiné & de toutes ses autres terres, & en saisit réèlement, corporèlement & de fait Charles petit fils du Roi, présent & acceptant pour li & ses hoirs & successeurs, & plus bas, transporte audit Charles, ses hoirs & successeurs & ceux qui auront cause de li perpétuèlement & héritablement en saisine & en propriété pleine ledit Dalphiné.*

Charles devint Roi de France, cinquième du nom, & dans la suite » il a été arêté » que le fils ainé de France porteroit seul le » titre de Dauphin.

Hist. de la Monarchie Franç. par G. Marcel, T. III. p. 52.

* Termes de la confirmation du dernier acte de transport du Dauphiné, en faveur de Charles fils de Jean Duc de Normandie. Cet acte est du 16. Juillet 1349. Voyez les preuves de l'histoire du Dauphiné de M. de Valbonnay, & ses Mémoires pour servir à l'histoire du Dauphiné, à Paris chez de Bats 1711.

» On s'est persuadé que la condition en faveur du pre- » mier né de nos Rois étoit tacitement renfermée dans ces » paroles, quoiqu'elle n'y soit pas litéralement exprimée, « come on le croit comunément. *Histoire du Dauphiné*, page 603. edit. de 1722.

Dans le tems de cette donation faite à Charles, Jean pére de Charles étoit le fils ainé du Roi Philipe de Valois & fut son successeur, c'est Jean II. Après la mort du Roi Jean II. Charles son fils qui étoit dèja Dauphin lui sucééda au Royaume, c'est Charles V. dit le Sage. Ainsi ce ne fut pas le fils ainé du Roi qui fut le premier Dauphin, ce fut Charles fils de l'ainé.

H ij

On fait allusion au Dauphin lorsque dans les familles des particuliers on apèle Dauphin le fils ainé de la maison, ou celui qui est le plus aimé : on dit que c'est le Dauphin par antonomase, par allusion, par métaphore, ou par ironie. On dit aussi un Benjamin, faisant allusion au fils bien aimé de Jacob.

VI.

La Comunication dans les paroles.

Κοινότης Λόγου, commúnitas, participátio sermónis.

Les Rhéteurs parlent d'une figure apelée simplement Comunication ; c'est lorsque l'orateur s'adressant à ceux à qui il parle, paroit se comuniquer, s'ouvrir à eux, les prendre eux mêmes pour juges ; par exemple : *En quoi vous ai-je doné lieu de vous plaindre ? Répondez moi, que pouvois-je faire de plus ? Qu'auriez vous fait en ma place ?* &c. En ce sens la comunication est une figure de pensée, & par conséquent elle n'est pas de mon sujet.

La figure dont je veux parler est un trope, par lequel on fait tomber sur soi-même ou sur les autres, une partie de ce qu'on dit : par exemple, un maitre dit quelquefois à ses disciples, *nous perdons tout notre tems*, au lieu de dire *vous ne faites que vous amuſer. Qu'avons-nous fait ?* veut dire en ces ocaſions, *qu'avez vous fait ?* ainſi *nous* dans ces exemples n'eſt pas dans le ſens propre, il ne renferme point celui qui parle. On ménage par ces expreſſions l'amour propre de ceux à qui on adreſſe la parole, en paroiſſant partager avec eux le blame de ce qu'on leur reproche ; la remontrance étant moins perſonèle, & paroiſſant comprendre celui qui la fait, en eſt moins aigre & devient ſouvent plus utile.

Les louanges qu'on ſe done bleſſent toujours l'amour propre de ceux à qui l'on parle : Il y a plus de modeſtie à s'énoncer d'une manière qui faſſe retomber ſur d'autres une partie du bien qu'on veut dire de ſoi : ainſi un capitaine dit quelquefois que ſa compagnie a fait telle ou telle action, plutot que d'en faire retomber la gloire ſur ſa ſeule perſone.

On peut regarder cette figure come une eſpèce particulière de ſynecdoque, puiſqu'on dit *le plus* pour tourner l'atention *au moins*.

H iij

VII.

La Litote.

Λιτότης à
Λιτός, fim-
plex, nudus,
vilis.

LA Litote ou diminution eſt un trope par lequel on ſe ſert de mots, qui, à la lettre, paroiſſent afoiblir une penſée dont on ſait bien que les idées acceſſoires feront ſentir toute la force : On dit le moins par modeſtie ou par égard ; mais on ſait bien que ce moins réveillera l'idée du plus.

Corn. le
Cid.act. III.
ſc. 4.

Quand Chimène dit à Rodrigue, *va, je ne te hais point*, elle lui fait entendre bien plus que ces mots là ne ſignifient dans leur ſens propre.

Il en eſt de mème de ces façons de parler, *je ne puis vous louer*, c'eſt-à-dire, je blame votre conduite : *je ne mépriſe pas vos préſens*, ſignifie que j'en fais beaucoup de cas : *il n'eſt pas ſot*, veut dire, qu'il a plus d'eſprit que vous ne croyez : *il n'eſt pas poltron* fait entendre qu'il a du courage : *Pythagore n'eſt pas un auteur mépriſable*, * c'eſt-à-dire, que Pythagore eſt un auteur qui mérite d'être eſtimé. *Je ne ſuis pas ſi diforme*, ** veut dire modeſtement qu'on

---

* Non ſordidus autor naturæ veríque. *Hor.* l. 1. ode 28.
** Nec ſum ádeò infórmis. *Virg.* Ecl. 2. v. 25.

eſt bienfait, ou du moins qu'on le croit ainſi.

On apèle auſſi cette figure exténuation : elle eſt opoſée à l'hyperbole.

VIII.

L'Hyperbole.

Lorsque nous ſomes vivement frapés de quelque idée que nous voulons repréſenter, & que les termes ordinaires nous paroiſſent trop foibles pour exprimer ce que nous voulons dire ; nous nous ſervons de mots, qui, à les prendre à la lettre, vont au delà de la vérité & repréſentent le plus ou le moins pour faire entendre quelque excès en grand ou en petit. Ceux qui nous entendent rabatent de notre expreſſion ce qu'il en faut rabatre, & il ſe forme dans leur eſprit une idée plus conforme à celle que nous voulons y exciter, que ſi nous nous étions ſervis de mots propres : par exemple, ſi nous voulons faire comprendre la légéreté d'un cheval qui court extrèmement vite, nous diſons qu'*il va plus vite que le vent.* Cette figure s'apèle *hyperbole,* mot grec qui ſignifie *excès.*

Julius Solinus dit qu'un certain Lada étoit

Ὑπερβολή.
hyperbole,
excès.

d'une ſi grande légéreté, qu'il ne laiſſoit ſur le ſable aucun veſtige de ſes piés. *

Virgile dit de la princeſſe Camile, qu'elle ſurpaſſoit les vents à la courſe ; & qu'elle eut couru ſur des épis de blé ſans les faire plier, ou ſur les flots de la mer ſans y enfoncer, & même ſans ſe mouiller la plante des piés. **

Au contraire, ſi l'on veut faire entendre qu'une perſone marche avec une extrème lenteur, on dit qu'elle marche plus lentement qu'une tortue.

Il y a pluſieurs hyperboles dans l'Ecriture Sainte ; par exemple, *Je vous donerai une terre où coulent des ruiſſeaux de lait & de miel*, c'eſt-à-dire, une terre fertile : & dans la Genèſe il eſt dit, *Je multiplierai tes enfans en auſſi grand nombre, que les grains de pouſſière de la terre.* S. Jean à la fin de ſon Evangile *** dit que ſi l'on

Educamvos ad terram fluéntem lacte & melle. Exod. c. 3. v. 17. Fáciam ſemen tuum ſicut púlverem terræ. Genes. c. 13. v. 16.

* Primam palmam velocitátis, Ladas quidam adéptus eſt, qui ita ſupra cavum púlverem curſitávit, ut arénis pendéntibus nulla indícia relínqueret veſtigiórum. *Jul. Solinus, c. 6.*

** Illa vel intáctæ ſégetis per ſumma voláret
Grámina, nec téneras curſu læſiſſet ariſtas,
Vel mare per médium fluctu ſuſpénſa tuménti
Ferret iter, céleres nec tíngeret æquore plantas. *Æn. l.* VII. v. 808.

*** Sunt autem & ália multa quæ fecit Jeſus, quæ ſi ſcribántur per ſíngula, nec ipſum árbitror mundum cápere poſſe eos, qui ſcribéndi ſunt libros. *Joan. XXI. v. 25.*

racontoit en détail les actions & les miracles de Jésus-Christ, il ne croit pas que le monde entier put contenir les livres qu'on en pouroit faire.

L'hyperbole est ordinaire aux Orientaux. Les jeunes gens en font plus souvent usage que les persones avancées en age. On doit en user sobrement & avec quelque correctif; par exemple, en ajoutant, *pour ainsi dire ; si l'on peut parler ainsi.*

» Les esprits vifs, pleins de feu & qu'une » vaste imagination emporte hors des règles » & de la justesse, ne peuvent s'assouvir d'hy- » perboles, dit M. de la Bruyère. Caract. Des ouvrages de l'esprit.

Excepté quelques façons de parler comunes & proverbiales, nous usons très rarement d'hyperboles en françois. On en trouve quelques exemples dans le stile satirique & badin, & quelquefois même dans le stile sublime & poétique : *Des ruisseaux de larmes coulérent des yeux de tous les habitans.* Flechier. Oraison funèbre de M. de Turène. Exorde.

» Les Grecs * avoient une grande passion » pour l'hyperbole, come on peut le voir » dans leur Antologie qui en est toute rem-

---

* Traité de la vraie & de la fausse beauté dans les ouvrages d'esprit. C'est une traduction que Richelet nous a donée de la dissertation que Messieurs de P. R. ont mise à la tête de leur *Deléctus Epigrámmatum.*

» plie. Cette figure eſt la reſſource des petits
» eſprits qui écrivent pour le bas peuple.

Boil. Art.
Poët. chant.
2.

Juvénal élevé dans les cris de l'école,
Pouſſa juſqu'à l'excès ſa mordante hyperbole.

» Mais quand on a du génie & de l'uſage du
» monde, on ne ſe ſent guère de gout pour
» ces ſortes de penſées fauſſes & outrées.

IX.

L'Hypotypose.

Ὑποτύπωσις:
Exémplar.
ὑποτυπόω,
delineo :
ὑπὸ *ſub,* τυ-
πω *figúro,*

L'Hypotypoſe eſt un mot grec qui ſignifie *image*, *tableau*. C'eſt lorſque dans les deſcriptions on peint les faits dont on parle, come ſi ce qu'on dit étoit actuèlement devant les yeux ; on montre, pour ainſi dire, ce qu'on ne fait que raconter ; on done en quelque ſorte l'original pour la copie, les objets pour les tableaux : vous en trouverez un bel exemple dans le récit de la mort d'Hyppolite.

Rac. Phèdre
act. v. ſc. 6.

Cependant, ſur le dos de la plaine liquide,
S'élève à gros bouillons une montagne humide ;
L'onde aproche, ſe briſe, & vomit à nos yeux
Parmi les flots d'écume, un monſtre furieux ;
Son front large eſt armé de cornes menaçantes,

Tout son corps est couvert d'écailles jaunissantes;
Indomtable taureau , dragon impétueux ;
Sa croupe se recourbe en replis tortueux ,
Ses longs mugissemens font trembler le rivage ;
Le ciel avec horreur voit ce monstre sauvage ,
La terre s'en émeut , l'air en est infecté ,
Le flot qui l'aporta recule épouvanté.

Ce dernier vers a paru afecté; on a dit que les flots de la mer aloient & venoient sans le motif de l'épouvante , & que dans une ocasion aussi triste que celle de la mort d'un fils , il ne convenoit point de badiner avec une fiction aussi peu naturèle. Il est vrai que nous avons plusieurs exemples d'une semblable prosopopée ; mais il est mieux de n'en faire usage que dans les ocasions où il ne s'agit que d'amuser l'imagination , & non quand il faut toucher le cœur. Les figures qui plaisent dans un épithalame, déplaisent dans une oraison funèbre ; la tristesse doit parler plus simplement, si elle veut nous intéresser : mais revenons à l'hypotypose.

Remarquez que tous les verbes de cette narration sont au présent, *l'onde aproche* , *se brise* , &c. c'est ce qui fait l'hypotypose, l'image , la peinture ; il semble que l'action se passe sous vos yeux.

M. l'Abé Ségui, dans son panégyrique de S. Louis, prononcé en présence de l'Académie françoise, nous fournit encore un bel exemple d'hypotypose, dans la déscription qu'il fait du départ de S. Louis, du voyage de ce prince, & de son arivée en Afrique.

Paneg. de S. Louis,en 1729.p.22.

» Il part baigné de pleurs, & comblé des
» bénédictions de son peuple : dèja gémissent
» les ondes sous le poids de sa puissante flote ;
» dèja s'ofrent à ses yeux les côtes d'Afrique ;
» dèja sont rangées en bataille les innombra-
» bles troupes des Sarasins. Ciel & terre,
» soyez témoins des prodiges de sa valeur. Il
» se jette avec précipitation dans les flots,
» suivi de son armée que son exemple encou-
» rage, malgré les cris éfroyables de l'éne-
» mi furieux, au milieu des vagues & d'une
» grêle de dards qui le couvrent : il s'avance
» còme un géant vers les chams où la victoire
» l'apèle : il prend terre, il aborde, il pénè-
» tre les bataillons épais des barbares ; & cou-
» vert du bouclier invisible du Dieu qui fait
» vivre & qui fait mourir, frapant d'un bras
» puissant à droit & à gauche ; écartant la
» mort, & la renvoyant à l'énemi ; il semble
» encore se multiplier dans chacun de ses sol-
» dats. La terreur que les infidèles croyoient

» porter dans les cœurs des fiens, s'empare
» d'eux mêmes. Le Sarafin éperdu, le blaf-
» phème à la bouche, le défefpoir dans le
» cœur, fuit, & lui abandone le rivage.

Je ne mets ici cette figure au rang des tropes, que parce qu'il y a quelque forte de trope à parler du paffé come s'il étoit préfent ;
car d'ailleurs les mots qui font employés
dans cette figure confervent leur fignification
propre. De plus, elle eft fi ordinaire, que j'ai
cru qu'il n'étoit pas inutile de la remarquer ici.

X.

LA METAPHORE.

LA Métaphore eft une figure par laquelle
on tranfporte, pour ainfi dire, la fignification propre d'un nom à une autre fignification qui ne lui convient qu'en vertu d'une
comparaifon qui eft dans l'efprit. Un mot
pris dans un fens métaphorique perd fa fignification propre, & en prend une nouvèle qui
ne fe préfente à l'efprit que par la comparaifon que l'on fait entre le fens propre de ce mot,
& ce qu'on lui compare, par exemple, quand
on dit que *le menfonge fe pare fouvent des cou'eurs de
la vérité :* en cette phrafe *couleurs* n'a plus fa
fignification propre & primitive ; ce mot ne

marque plus cette lumière modifiée qui nous fait voir les objets ou blancs, ou rouges, ou jaunes, &c : il signifie *les dehors, les aparences*; & cela par comparaison entre le sens propre de *couleurs* & les dehors que prend un home qui nous en impose sous le masque de la sincérité. Les couleurs font conoitre les objets sensibles, elles en font voir les dehors & les aparences : un home qui ment, imite quelquefois si bien la contenance & les discours de celui qui ne ment pas, que lui trouvant les mèmes dehors, & pour ainsi dire, les mèmes couleurs, nous croyons qu'il nous dit la vérité : ainsi come nous jugeons qu'un objet qui nous paroit blanc est blanc, de même nous somes souvent la dupe d'une sincérité aparente, & dans le tems qu'un imposteur ne fait que prendre les dehors d'home sincère, nous croyons qu'il nous parle sincérement.

Quand on dit *la lumière de l'esprit*, ce mot de *lumière* est pris métaphoriquement; car come la lumière dans le sens propre nous fait voir les objets corporels, de même la faculté de conoitre & d'apercevoir éclaire l'esprit & le met en état de porter des jugemens sains.

La métaphore est donc une espèce de trope, le mot dont on se sert dans la métaphore est

pris dans un autre sens que dans le sens propre, *il est*, pour ainsi dire, *dans une demeure em-*
pruntée, dit un ancien, ce qui est comun &
essentiel à tous les tropes.

De plus, il y a une sorte de comparaison ou
quelque raport équivalent entre le mot auquel on done un sens métaphorique, & l'objet
à quoi l'on veut l'apliquer; par exemple, quand
on dit d'un home en colère, *c'est un lion, lion* est
pris alors dans un sens métaphorique, on compare l'home en colère au lion, & voilà ce
qui distingue la métaphore des autres figures.

Il y a cette diférence entre la métaphore
& la comparaison, que dans la comparaison
on se sert de termes qui font conoitre que
l'on compare une chose à une autre; par
exemple, si l'on dit d'un home en colère qu'*il*
est come un lion, c'est une comparaison, mais
quand on dit simplement *c'est un lion*, la comparaison n'est qu'implicite, c'est-à-dire, que
la comparaison n'est alors que dans l'esprit
& non dans les termes; c'est une métaphore.

Mesurer dans le sens propre, c'est juger d'une
quantité inconue par une quantité conue,
soit par le secours du compas, de la règle,
ou de quelqu'autre instrument qu'on apèle
mesure. Ceux qui prènent bien toutes leurs pré-

Metápho-
ram quam
Græci vo-
cant, nos
tralatió-
nem, idest,
domo mu-
tuátum ver-
bum quo
útimur, in-
quit Ver-
rius. *Fes-*
tus, v. Me-
táphoram.

cautions pour ariver à leurs fins , font com-
parés à ceux qui mefurent quelque quantité,
ainfi on dit par métaphore qu'*ils ont bien pris
leurs mefures.* Par la mème raifon on dit que
*les perfones d'une condition médiocre ne doivent pas fe
mefurer avec les grands* , c'eft-à-dire, vivre come
les grands , fe comparer à eux, come on
compare une mefure avec ce qu'on veut mefurer. *On doit mefurer fa dépenfe à fon revenu;*
c'eft-à-dire,qu'il faut régler fa dépenfe fur fon
revenu; la quantité du revenu doit être come
la mefure de la quantité de la dépenfe.

Come une clé ouvre la porte d'un apartement, & nous en done l'entrée, de même, il
y a des conoiffances préliminaires qui ou-
vrent, pour ainfi dire, l'entrée aux fciences
plus profondes : ces conoiffances ou principes font apelés *clés* par métaphore; la grammaire eft la *clé* des fciences : la logique eft la
clé de la philofophie.

On dit auffi d'une vile fortifiée, qui eft fur
une frontière , qu'elle eft *la clé* du royaume,
c'eft-à-dire, que l'énemi qui fe rendroit maitre de cette vile , feroit à portée d'entrer enfuite avec moins de peine dans le royaume
dont on parle.

Par la mème raifon l'on done le nom de *clé*
en

en termes de mufique à certaines marques ou caractères que l'on met au comencement des lignes de mufique : ces marques font conoitre le nom que l'on doit doner aux notes; elles donent, pour ainfi dire, l'entrée du chant.

Quand les métaphores font régulières il n'eft pas dificile de trouver le raport de comparaifon.

La métaphore eft donc aufli étendue que la comparaifon ; & lorfque la comparaifon ne feroit pas jufte ou feroit trop recherchée, la métaphore ne feroit pas régulière.

Nous avons dèja remarqué que les langues n'ont pas autant de mots que nous avons d'idées ; cette difète de mots a doné lieu à plufieurs métaphores ; par exemple : *le cœur tendre, le cœur dur*, *un rayon* de miel , *les rayons* d'une roue, &c : l'imagination vient, pour ainfi dire, au fecours de cette difète ; elle fuplée par les images & par les idées acceffoires aux mots que la langue ne peut lui fournir, & il arive même, come nous l'avons dèja dit, que ces images & ces idées acceffoires ocupent l'efprit plus agréablement que fi l'on fe fervoit de mots propres, & qu'elles rendent le difcours plus énergique ; par exemple, quand on dit d'un home endormi qu'*il eſt en-ſeveli dans le ſomeil*, cette métaphore dit plus que ſi l'on diſoit ſimplement qu'il dort : *Les Grecs ſurprirent Troie enſevelie dans le vin & dans le ſomeil.*

Virg. Æn.
2. v. 265.

Invádunt urbem ſomno vinóque ſepúltam.

Remarquez, 1°. que dans cet exemple *ſepúltam* a un ſens tout nouveau & diférent de ſon ſens propre. 2°. *Sepúltam* n'a ce nouveau ſens, que parce qu'il eſt joint à *ſomno vinóque*, avec lesquels il ne ſauroit être uni dans le ſens propre ; car ce n'eſt que par une nouvèle union des termes, que les mots ſe donent le ſens métaphorique. *Lumière* n'eſt uni dans le ſens propre qu'avec le feu, le ſoleil & les autres objets lumineux ; celui qui le premier a uni *lumière* à *eſprit*, a doné à *lumière* un ſens métaphorique, & en a fait un mot nouveau par ce nouveau ſens. Je voudrois que l'on put doner cette interprétation à ces paroles d'Horace :

Hor. Art
Poét. v. 47.

Díxeris egrégiè, notum ſi cállida verbum
Reddíderit junctúra novum.

La métaphore eſt très ordinaire : en voici encore quelques exemples : on dit dans le ſens propre *s'enivrer de quelque liqueur* ; & l'on dit par métaphore *s'enivrer de plaisirs* : *la bone fortune enivre les sots*, c'est-à-dire, qu'elle leur fait perdre la raison, & leur fait oublier leur premier état.

> Ne vous *enivrez* point des éloges flateurs
> Que vous done un amas de vains admirateurs.

> Le peuple, qui jamais n'a conu la prudence,
> *S'enivroit* folement de sa vaine espérance.

Boil. Art Poét. chant 4.

Henriade, chant 7.

Doner un frein à ses passions ; c'est-à-dire, n'en pas suivre tous les mouvemens, les modérer, les retenir come on retient un cheval avec le frein, qui est un morceau de fer qu'on met dans la bouche du cheval.

Mézerai, parlant de l'héréfie, dit qu'*il étoit nécessaire d'aracher cette zizanie*, c'est-à-dire, cette *semence de division*, zizanie est là dans un sens métaphorique : c'est un mot grec qui veut dire *ivroie*, mauvaise herbe qui croît parmi les blés & qui leur est nuisible. *Zizanie* n'est point en usage au propre, mais il se dit par métaphore pour *discorde, mésintelligence, division* : *semer la zizanie dans une famille.*

Abrégé de l'histoire de France, François II. p. 992.

Matéria, matière, se dit dans le sens propre de la substance étendue considérée come principe de tous les corps ; ensuite on a apelé *matière*, par imitation & par métaphore, ce qui eſt le ſujet, l'argument, le thème d'un diſcours, d'un poème, ou de quelqu'autre ouvrage d'eſprit.

Æſópus auctor, quam matériam répperit,
Hanc ego polívi vérſibus Senáriis.

J'ai poli la matière, c'eſt-à-dire, j'ai doné l'agrément de la poéſie aux fables qu'Eſope a inventées avant moi. *Cette maiſon eſt bien riante,* c'eſt-à-dire, elle inſpire de la gaieté come les perſones qui rient. *La fleur de la jeuneſſe ; le feu de l'amour ; l'aveuglement de l'eſprit ; le fil d'un diſcours ; le fil des afaires.*

C'eſt par métaphore que les diférentes claſſes, ou conſidérations, ausquelles ſe réduit tout ce qu'on peut dire d'un ſujet, ſont apelées *lieux comuns* en Rhétorique & en Logique, *loci commúnes.* Le genre, l'eſpèce, la cauſe, les éfets, &c. ſont des lieux comuns, c'eſt-à-dire, que ce ſont come autant de célules où tout le monde peut aler prendre, pour ainſi dire, la matière d'un diſcours, & des argumens ſur toutes ſortes de ſujets. L'atention que l'on fait ſur ces diférentes claſſes réveille des penſées que l'on n'auroit peut-être pas ſans ce ſecours.

Quoique ces lieux comuns ne ſoient pas

d'un grand ufage dans la pratique, il n'eft
pourtant pas inutile de les conoitre ; on en
peut faire ufage pour réduire un difcours à
certains chefs ; mais ce qu'on peut dire pour
& contre fur ce point n'eft pas de mon fujet.

On apèle auffi en Théologie par métapho-
re, *loci Theológici*, les diférentes fources où les
Théologiens puifent leurs argumens. Telles
font l'Ecriture Sainte, la tradition contenue
dans les écrits des Saints Péres, les conci-
les, &c.

En termes de chimie, *regne* fe dit par métaphore de chacune des trois claffes fous lesquelles les chimiftes rangent les êtres naturels.

1°. Sous le *regne animal* ils comprènent les
animaux.

2°. Sous le *regne végétal*, les végétaux, c'eft-
à-dire, ce qui croît, ce qui produit ; come
les arbres & les plantes.

3°. Enfin, fous le *regne minéral* ils comprènent tout ce qui vient dans les mines.

On dit auffi par métaphore que la *Géographie & la Chronologie font les deux yeux de l'Hiftoire.*
On perfonifie l'Hiftoire, & on dit que la
Géographie & la Chronologie font à l'égard
de l'Hiftoire, ce que les yeux font à l'égard

d'une perſone vivante ; par l'une elle voit, pour ainſi dire, les lieux, & par l'autre les tems : c'eſt-à-dire, qu'un hiſtorien doit s'apliquer à faire conoitre les lieux & les tems dans lesquels ſe ſont paſſés les faits dont il décrit l'hiſtoire.

Les mots primitifs d'où les autres ſont dérivés ou dont ils ſont compoſés, ſont apelés *racines*, par métaphore : il y a des dictionaires où les mots ſont rangés par racines. On dit auſſi par métaphore, parlant des vices ou des vertus, *jeter de profondes racines*, pour dire s'afermir.

Calus, dureté, durillon, en latin *callum* ; ſe prend ſouvent dans un ſens métaphorique : *Labor quaſi callum quoddam obdúcit dolóri*, dit Cicéron : le travail fait come une eſpèce de calus à la douleur, c'eſt-à-dire, que le travail nous rend moins ſenſibles à la douleur. Et au troiſième livre des Tuſculanes il s'exprime de cette ſorte : *Magis me móverant Corínthi ſúbitò aſpéctæ parietínæ, quàm ipſos Corínthios, quorum ánimis diutúrna cogitátio callum vetuſtátis obdúxerat.* Je fus plus touché de voir tout d'un coup les murailles ruinées de Corinthe, que ne l'étoient les Corinthiens même, ausquels l'habitude de voir tous les jours depuis long-

Cic. Tuſc. 2. num.36. aliter xv.

Tuſc. l. 3. n. 53. aliter. xxii.

tems leurs murailles abatues avoit aporté le calus de l'anciéneté. C'eft-à-dire, que les Corinthiens, acoutumés à voir leurs murailles ruinées, n'étoient plus touchés de ce malheur. C'eft ainfi que *callére*, qui dans le fens propre veut dire *avoir des durillons, être endurci,* fignifie enfuite, par extenfion & par métaphore, *favoir bien, conoitre parfaitement*, enforte qu'il fe foit fait come un calus dans l'efprit par raport à quelque conoiffance. *Quo pacto id fieri foleat cálleo.* La manière dont cela fe fait a fait calus dans mon efprit ; j'ai médité fur cela, je fai à merveille coment cela fe fait; je fuis maitre paffé, dit Madame Dacier. *Illius fenfum cálleo*, j'ai étudié fon humeur ; je fuis acoutumé à fes manières, je fai le prendre come il faut.

Ter. Heaut. act. III. fc. 2. v. 37.

id. Adelp. act. 4. fc. 2. v. 27.

Vue fe dit au propre de la faculté de voir, & par extenfion de la manière de regarder les objets : enfuite on done par métaphore le nom de vue aux penfées, aux projets, aux deffeins : *avoir de grandes vues, perdre de vue une entreprife*, n'y plus penfer.

Gout fe dit au propre du fens par lequel nous recevons les impreffions des faveurs. La langue eft l'organe du gout ; *avoir le gout dépravé*, c'eft-à-dire, trouver bon ce que comunément les autres trouvent mauvais , & trouver mauvais ce que les autres trouvent bon.

Ensuite on se sert du terme de *gout* par métaphore , pour marquer le sentiment intérieur dont l'esprit est afecté à l'ocasion de quelque ouvrage de la nature ou de l'art. L'ouvrage plait ou déplait, on l'aprouve ou on le desaprouve ; c'est le cerveau qui est l'organe de ce gout là : *Le gout de Paris s'est trouvé conforme au gout d'Athènes* , dit Racine dans sa préface d'Iphigénie ; c'est-à-dire come il le dit lui même, que les spectateurs ont été émus à Paris des mèmes choses qui ont mis autrefois en larmes le plus savant peuple de la Grèce.

Il en est du gout pris dans le sens figuré , come du gout pris dans le sens propre.

Les viandes plaisent ou déplaisent au gout, sans qu'on soit obligé de dire pourquoi : Un ouvrage d'esprit , une pensée, une expression, plait ou déplait , sans que nous soyons obligés de pénétrer la raison du sentiment dont nous somes afectés.

Pour se bien conoitre en mets & avoir un gout sur , il faut deux choses ; 1. un organe délicat ; 2. de l'expérience , s'être trouvé souvent dans les bones tables , &c : on est

alors plus en état de dire pourquoi un mets
eft bon ou mauvais : Pour être conoiffeur en
ouvrages d'efprit, il faut un bon jugement,
c'eft un préfent de la nature ; cela dépend de
la difpofition des organes ; il faut encore
avoir fait des obfervations fur ce qui plait
& fur ce qui déplait ; il faut avoir fu alier
l'étude & la méditation avec le comerce des
perfones éclairées : alors on eft en état de
rendre raifon des règles & du gout.

Les viandes & les affaifonemens qui plaifent aux uns, déplaifent aux autres ; c'eft un
éfet de la diférente conftitution des organes
du gout : Il y a cependant fur ce point un
gout général auquel il faut avoir égard, c'eft-
à-dire, qu'il y a des viandes & des mets qui
font plus généralement au gout des perfones
délicates : il en eft de mème des ouvrages d'efprit ; un auteur ne doit pas fe flater d'atirer
à lui tous les fufrages, mais il doit fe conformer au gout général des perfones éclairées
qui font au fait.

Le gout par raport aux viandes dépend
beaucoup de l'habitude & de l'éducation : il
en eft de mème du gout de l'efprit : les idées
exemplaires que nous avons reçues dans notre jeuneffe nous fervent de règle dans un age

plus avancé ; telle eſt la force de l'éducation, de l'habitude, & du préjugé. Les organes, acoutumés à une telle impreſſion, en ſont flatés de telle ſorte, qu'une impreſſion diférente ou contraire les aflige, ainſi malgré l'examen & les diſcuſſions, nous continuons ſouvent à admirer ce qu'on nous a fait admirer dans les premières années de notre vie ; & delà peut-être les deux partis, l'un des anciens, l'autre des modernes.

Remarques ſur le mauvais uſage des métaphores.

Les métaphores ſont défectueuſes,

1ᵛ. Quand elles ſont tirées de ſujets bas. Le P. de Colonia reproche à Tertulien d'avoir dit que *le déluge univerſel fut la leſſive de la nature.* ✶

2°. Quand elles ſont forcées, priſes de loin & que le raport n'eſt point aſſez naturel ni la comparaiſon aſſez ſenſible· : come quand Théophile a dit, *je baignerai mes mains dans les ondes de tes cheveux* : & dans un autre endroit il dit *que la charue écorche la plaine.* » Théophile, » dit M. de la Bruyère, ✶✶ charge ſes deſ-

✶✶ Caract.
Des ouv. de
l'eſprit.

✶ Ignobilitátis vítio laboráre vidétur célebris illa Tertulliáni metáphora, quâ dilúvium appéllat natúræ generále lixívium. *De arte Rhet.* p. 148.

» criptions, s'apefantit fur les détails ; il exa-
» gère, il paffe le vrai dans la nature, il en
» fait le roman.

On peut raporter à la mème efpèce les métaphores qui font tirées de fujets peu conus.

3°. Il faut auffi avoir égard aux convenances des diférens ftiles, il y a des métaphores qui convièneut au ftile poétique, qui feroient déplacées dans le ftile oratoire : Boileau a dit :

> Acourez troupe favante ;
> Des fons que ma lyre enfante
> Ces arbres font réjouis.

Ode fur la prife de Namur.

On ne diroit pas en profe qu'*une lyre enfante des fons.* Cette obfervation a lieu auffi à l'égard des autres tropes ; par exemple : *Lumen* dans le fens propre fignifie *lumière* : les poètes latins ont doné ce nom à l'œil par métonymie, les yeux font l'organe de la lumière, & font, pour ainfi dire, le flambeau de notre corps. Un jeune garçon fort aimable étoit borgne ; il avoit une fœur fort belle, qui avoit le mème défaut ; on leur apliqua ce diftique, qui fut fait à une autre ocafion fous le regne de Philipe fecond Roi d'Efpagne.

Lucérna córporis tui eft óculus tuus. Luc. C. X I. V. 34.

Parve puer , lumen quod habes concéde foróri :
Sic tu cœcus Amor , fic erit illa Venus.

Où vous voyez que *lumen* fignifie *l'œil* , il n'y a rien de fi ordinaire dans les poètes latins que de trouver *lúmina* pour *les yeux* ; mais ce mot ne fe prend point en ce fens dans la profe.

4. On peut quelquefois adoucir une métaphore , en la changeant en comparaifon , ou bien en ajoutant quelque corectif : par exemple, en difant *pour ainfi dire, fi l'on peut parler ainfi,* &c. » L'art doit être , pour ainfi dire , enté » fur la nature ; la nature foutient l'art & lui » fert de bafe ; & l'art embèlit & perfectione » la nature.

5. Lorsqu'il y a plufieurs métaphores de fuite , il n'eft pas toujours néceffaire qu'elles foient tirées exactement du mème fujet, come on vient de le voir dans l'exemple précédent : *enté* eft pris de la culture des arbres ; *foutient, bafe* , font pris de l'architecture ; mais il ne faut pas qu'on les prène de fujets opofés , ni que les termes métaphoriques dont l'un eft dit de l'autre excitent des idées qui ne puiffent point être liées , come fi l'on difoit d'un orateur , *c'eft un torrent qui s'alume,*

au lieu de dire, *c'est un torrent qui entraine.* On
a reproché à Malherbe d'avoir dit :

Prens ta foudre Louis & va come un lion.

Il faloit plutot dire *come Jupiter.*

Dans les premières éditions du Cid Chimène disoit :

Malgré des feux si beaux qui rompent ma colère.

Feux & *rompent* ne vont point ensemble : c'est
une observation de l'Académie sur les vers
du Cid. Dans les éditions suivantes on a
mis *troublent* au lieu de *rompent* ; je ne sai si
cette correction répare la première faute.

Ecorce, dans le sens propre, est la partie extérieure des arbres & des fruits ; c'est leur
couverture : ce mot se dit fort bien dans un
sens métaphorique, pour marquer les dehors,
l'aparence des choses ; ainsi l'on dit que *les
ignorans s'arêtent à l'écorce,* qu'*ils s'atachent,* qu'*ils
s'amusent à l'écorce* : Remarquez que tous ces
verbes *s'arêtent, s'atachent, s'amusent,* conviènent fort bien avec *écorce* pris au propre ;
mais vous ne diriez pas au propre *fondre l'é-
corce* ; fondre se dit de la glace ou du métal,
vous ne devez donc pas dire au figuré *fondre
l'écorce.* J'avoue que cette expression me paroit trop hardie dans une ode de Rousseau :

Malh. l. :.
v. les ob-
servations
de Ménage,
sur les poé-
sies de Mal-
herbe.

Act. 3. sc. 4.

pour dire que l'hiver est passé & que les gla-
ces sont fondues, il s'exprime de cette
sorte :

Liv. 3. Ode
6.

L'hiver, qui si long tems a fait blanchir nos plaines,
N'enchaine plus le cours des paisibles ruisseaux ;
Et les jeunes zéphirs de leurs chaudes haleines
   Ont fondu l'*écorce* des eaux.

6. Chaque langue a des métaphores particulières qui ne sont point en usage dans les
autres langues ; par exemple : les Latins disoient d'une armée *dextrum & sinistrum cornu,*
& nous disons *l'aile droite & l'aile gauche.*

Il est si vrai que chaque langue a ses métaphores propres & consacrées par l'usage,
que si vous en changez les termes par les
équivalans même qui en aprochent le plus,
vous vous rendez ridicule.

Un étranger, qui depuis devenu un de nos
citoyens, s'est rendu célèbre par ses ouvrages, écrivant dans les premiers tems de son
arivée en France, à son protecteur, lui disoit,
Monseigneur, vous avez pour moi des boyaux de pére;
il vouloit dire *des entrailles.*

On dit *mettre la lumière sous le boisseau,* pour
dire cacher ses talens, les rendre inutiles,
l'auteur du poème de la Madeleine ne devoit
donc pas dire *mettre le flambeau sous le mui.*

Poème de
la Madel.
l. 7. p. 117.

XI.

LA SYLLEPSE ORATOIRE.

LA Syllepse oratoire est une espèce de métaphore ou de comparaison, par laquelle un même mot est pris en deux sens dans la même phrase, l'un au propre, l'autre au figuré ; par exemple, Corydon dit que Galathée est pour lui plus douce que le thym du mont Hybla ; * ainsi parle ce berger dans une églogue de Virgile : le mot *doux* est au propre par raport au thym, & il est au figuré par raport à l'impression que ce berger dit que Galathée fait sur lui. Virgile fait dire ensuite à un autre berger, *& moi quoique je paroisse à Galathée plus amer que les herbes de Sardaigne*, &c. ** Nos bergers disent *plus aigre qu'un citron verd.*

Pyrrhus fils d'Achile, l'un des principaux chefs des Grecs, & qui eut le plus de part à l'embrasement de la vile de Troie, s'exprime en ces termes dans l'une des plus belles pièces de Racine :

Συλληψις Comprehénsio, compléxio. Συλλαμβάνω comprehéndo.

---

* . . . . Galathæa thymo mihi dúlcior Hyblæ. *Virg.* Ecl. 7. v. 37

** . . . ego Sardóis vídear tibi amárior herbis. ibid. v. 41.

Rac. An-
drom. act.
1. fc. 4.

Je foufre tous les maux que j'ai faits devant Troie;
Vaincu, chargé de fers, de regrets confumé,
Brulé de plus de feux que je n'en alumai.

Brulé eft au propre par raport aux feux que
Pyrrhus aluma dans la vile de Troie; & il
eft au figuré, par raport à la paffion violente
que Pyrrhus dit qu'il reffentoit pour Andro-
maque. Il y a un pareil jeu de mots dans le
diftique qui eft gravé fur le tombeau de Defpautère :

Hic jacet unóculus *vifu* præftántior Argo
Nomen Joánnes cui ninivíta fuit.

Vifu eft au propre par raport à Argus, à qui
la fable done cent yeux; & il eft au figuré
par raport à Defpautère : l'auteur de l'épitaphe a voulu parler de la vue de l'efprit.

Au refte cette figure joue trop fur les mots
pour ne pas demander bien de la circonfpec-
tion; il faut éviter les jeux de mots trop
afectés & tirés de loin.

L'ALLEGORIE.

XII.

L'Allegorie.

L'Allégorie a beaucoup de raport avec la métaphore; l'allégorie n'est même qu'une métaphore continuée.

L'allégorie est un discours, qui est d'abord présenté sous un sens propre, qui paroit toute autre chose que ce qu'on a dessein de faire entendre, & qui cependant ne sert que de comparaison, pour doner l'intelligence d'un autre sens qu'on n'exprime point.

La métaphore joint le mot figuré à quelque terme propre; par exemple, *le feu de vos yeux*; *yeux* est au propre : au lieu que dans l'allégorie tous les mots ont d'abord un sens figuré; c'est-à-dire, que tous les mots d'une phrase ou d'un discours allégorique forment d'abord un sens litéral qui n'est pas celui qu'on a dessein de faire entendre : Les idées accessoires dévoilent ensuite facilement le véritable sens qu'on veut exciter dans l'esprit, elles démasquent, pour ainsi dire, le sens litéral étroit, elles en font l'aplication.

Quand on a comencé une allégorie, on doit conserver dans la suite du discours, l'image

Ἀλληγορία ἡ mutátio figúra quâ áliud dícitur, áliud significátur, R. Ἄλλο, áliud, ἀγορέω vel ἀγορεύω, narro conciónor, vel ἄλλη, ália; ἀγορά, cóncio, orátio.

K

dont on a emprunté les premières expressions. Madame des Houlières, sous l'image
d'une bergère qui parle à ses brebis, rend
compte à ses enfans de tout ce qu'elle a fait
pour leur procurer des établissemens; &
se plaint tendrement sous cette image de la
dureté de la fortune :

Poésies de
Mad. des
Houl. T. 2.
p. 88.

Dans ces prés fleuris
Qu'arose la Seine,
Cherchez qui vous mène,
Mes chères brebis :
J'ai fait pour vous rendre
Le destin plus doux,
Ce qu'on peut atendre
D'une amitié tendre;
Mais son long couroux
Détruit, empoisone
Tous mes soins pour vous,
Et vous abandone
Aux fureurs des loups.
Seriez-vous leur proie,
Aimable Troupeau !
Vous de ce hameau
L'honeur & la joie,
Vous qui gras & beau
Me doniez sans cesse

Sur l'herbète épaiffe
Un plaifir nouveau !
Que je vous regrète !
Mais il faut céder ;
Sans chien , fans houlète ,
Puis - je vous garder ?
L'injufte fortune
Me les a ravis.
Envain j'importune
Le ciel par mes cris ;
Il rit de mes craintes ,
Et fourd à mes plaintes ,
Houlète , ni chien ,
Il ne me rend rien.
Puiffiez - vous contentes ,
Et fans mon fecours ,
Paffer d'heureux jours ,
Brebis inocentes ,
Brebis mes amours.
Que Pan vous défende ,
Helas ! il le fait ;
Je ne lui demande
Que ce feul bienfait.
Oui , brebis cheries ,
Qu'avec tant de foin
J'ai toujours nouries ,
Je prens à témoin

Ces bois, ces prairies,
Que si les faveurs
Du Dieu des pasteurs
Vous gardent d'outrages,
Et vous font avoir
Du matin au soir
De gras paturages;
J'en conserverai
Tant que je vivrai
La douce mémoire;
Et que mes chansons,
En mile façons
Porteront sa gloire,
Du rivage heureux,
Où, vif & pompeux,
L'astre qui mesure
Les nuits & les jours,
Començant son cours,
Rend à la nature
Toute sa parure;
Jusqu'en ces climats,
Où, sans doute, las
D'éclairer le monde,
Il va chez Thétis
Ralumer dans l'onde
Ses feux amortis.

Cette allégorie est toujours soutenue par des images qui toutes ont raport à l'image principale par où la figure a comencé : ce qui est essenciel à l'allégorie. * Vous pouvez entendre à la lettre tout ce discours d'une bergère, qui touchée de ne pouvoir mener ses brebis dans de bons paturages, ni les préserver de ce qui peut leur nuire, leur adresseroit la parole, & se plaindroit à elles de son impuissance : mais ce sens, tout vrai qu'il paroit, n'est pas celui que Madame des Houlières avoit dans l'esprit : elle étoit ocupée des besoins de ses enfans, voilà ses brebis ; le chien dont elle parle, c'est son mari qu'elle avoit perdu : le Dieu Pan c'est le Roi.

Cet exemple fait voir combien est peu juste la remarque de M. Dacier, qui prétend *qu'une allégorie qui rempliroit toute une pièce est un monstre*; & qu'ainsi l'Ode 14. du 1. livre d'Horace, *O navis référent*, &c. n'est point allégorique, quoiqu'en ait cru Quintilien & les comentateurs. Nous avons des pièces entières

Dacier, œuv. d'Hor. T. 1. p. 211. trois. édition 1709.

Quint. l. 8. c. 6. alleg.

___

* Id quoque imprímis est custodiéndum, ut quo ex génere cœperis translatiónis, hoc définas. Multi enim, cum inítium à tempestáte sumpférunt, incéndio aut ruínâ fíniunt; quæ est inconsequéntia rerum fœdíssima. *Quint.* l. 8. c. 6. Allegória.

toutes allégoriques. On peut voir dans l'oraison de Cicéron contre Pison, * un exemple de l'allégorie, où, come Horace, Cicéron compare la République Romaine à un vaiffeau agité par la tempête.

L'allégorie eft fort en ufage dans les proverbes. Les proverbes allégoriques ont d'abord un fens propre qui eft vrai, mais qui n'eft pas ce qu'on veut principalement faire entendre : on dit familièrement *tant va la cruche à l'eau, qu'à la fin elle fe brife* ; c'eft-à-dire, que, quand on afronte trop fouvent les dangers, à la fin on y périt ; ou que, quand on s'expofe fréquenment aux ocafions de pécher, on finit par y fuccomber.

Les fictions que l'on débite come des hiftoires pour en tirer quelque moralité, font des allégories qu'on apèle *apologues*, *paraboles*, ou *fables morales* ; telles font les fables d'Efope. Ce fut par un apologue que Ménénius Agrippa rapela autrefois la populace romai-

* Neque tam fui tímidus, ut qui in máximis turbínibus ac flúctibus Reipúblicæ navem gubernáffem, falvámque in portu collocáffem ; frontis tuæ nubéculam, tum collégæ tui contaminátum fpíritum pertiméfcerem. Alios ego vidi ventos, álias profpéxi ánimo procéllas : áliis impendéntibus tempeftátibus non ceffi, fed his unum me pro ómnium falúte óbtuli. *Cic.* in Pif. n. IX. aliter, 20. & 21.

ne, qui mécontente du Senat s'étoit retirée ſur une montagne. Ce que ni l'autorité des loix, ni la dignité des Magiſtrats Romains, n'avoient pu faire, ſe fit par les charmes de l'apologue.

Souvent les anciens ont expliqué par une hiſtoire fabuleuſe les éfets naturels dont ils ignoroient les cauſes; & dans la ſuite on a doné des ſens allégoriques à ces hiſtoires.

Ce n'eſt plus la vapeur qui produit le tonerre,
C'eſt Jupiter armé pour éfrayer la terre;
Un orage terrible aux yeux des matelots,
C'eſt Neptune en couroux qui gourmande les flots;
Echo n'eſt plus un ſon qui dans l'air retentiſſe,
C'eſt une Nymphe en pleurs qui ſe plaint de
    Narciſſe.

Boileau,
Art Poét.
chant III.

Cette manière de philoſopher flate l'imagination; elle amuſe le peuple, qui aime le merveilleux; & elle eſt bien plus facile que les recherches exactes que l'eſprit méthodique a introduites dans ces derniers tems. Les amateurs de la ſimple vérité aiment bien mieux avouer qu'ils ignorent, que de fixer ainſi leur eſprit à des illuſions.

Les chercheurs de la pierre philoſophale s'expriment auſſi par allégorie dans leurs li-

vres ; ce qui done à ces livres un air de mif-
tère & de profondeur que la fimplicité de la
vérité ne pouroit jamais leur concilier. Ainfi
ils couvrent fous les voiles miftérieux de
l'allégorie, les uns leur fourberie, & les autres leur fanatifme, je veux dire, leur fole
perfuafion. En éfet, la nature n'a qu'une vǒie
dans fes opérations ; voie unique que l'art
peut contrefaire, à la vérité, mais qu'il ne
peut jamais imiter parfaitement. Il eft auffi
impoffible de faire de l'or par un moyen diférent de celui dont la nature fe fert pour
former l'or, qu'il eft impoffible de faire un
grain de blé d'une manière diférente de celle
qu'elle emploie pour produire le blé.

Le terme de *matière générale* n'eft qu'une idée
abftraite qui n'exprime rien de réel, c'eft-à-
dire, rien qui exifte hors de notre imagination. Il n'y a point dans la nature une matière générale dont l'art puiffe faire tout ce
qu'il veut : c'eft ainfi qu'il n'y a point une
blancheur générale d'où l'on puiffe former
des objets blancs. C'eft des divers objets
blancs qu'eft venue l'idée de blancheur, come nous l'expliquerons dans la fuite ; & c'eft
des divers corps particuliers, dont nous fomes afectés en tant de manières diférentes,

que s'eft formée en nous l'idée abftraite de matière générale. C'eft paffer de l'ordre idéal à l'ordre phyfique que d'imaginer un autre fyftème.

Les énigmes font auffi une efpèce d'allégorie : nous en avons de fort belles en vers françois. L'énigme eft un difcours qui ne fait point conoitre l'objet à quoi il convient, & c'eft cet objet qu'on propofe à deviner. Ce difcours ne doit point renfermer de circonftance qui ne conviène pas au mot de l'énigme.

Obfervez que l'énigme cache avec foin ce qui peut la dévoiler, mais les autres efpèces d'allégories ne doivent point être des énigmes, elles doivent être exprimées de manière qu'on puiffe aifément en faire l'aplication.

✕✕✕✕✕✕✕✕✕✕✕✕✕✕✕✕✕✕✕✕✕✕✕✕✕✕✕✕✕✕

XIII.

L'ALLUSION.

Les allufions & les jeux de mots ont encore du raport avec l'allégorie : l'allégorie préfente un fens, & en fait entendre un autre : c'eft ce qui arive auffi dans les allufions, & dans la plupart des jeux de mots, *rei altérius ex álterâ notátio.* On fait allufion à

Allúdere. R. ad, & lúdere.

l'hiftoire, à la fable, aux coutumes ; & quelquefois même on joue fur les mots.

Henriade,
chant 7.

Ton Roi, jeune Biron, te fauve enfin la vie ;
Il t'arache fanglant aux fureurs des foldats,
Dont les coups redoublés achevoient ton trépas:
Tu vis ; fonge du moins à lui refter fidèle.

Ce dernier vers fait allufion à la malheureu-
fe confpiration du Maréchal de Biron ; il en
rapèle le fouvenir.

Voiture étoit fils d'un marchand de vin :
un jour qu'il jouoit aux proverbes avec des
Dames, Madame des Loges lui dit, *celui-là ne
vaut rien , percez-nous en d'un autre :* On voit
que cette dame fefoit une maligne allufion
aux toneaux de vin ; car *percer* fe dit d'un
toneau, & non pas d'un proverbe : ainfi eile
réveilloit malicieufement dans l'efprit de l'affemblée le fouvenir humiliant de la naiffance
de Voiture. C'eft en cela que confifte l'allufion ; elle réveille des idées acceffoires.

Hift. de
l'Acad. T.
I. p. 277.

A l'égard des allufions qui ne confiftent
que dans un jeu de mots, il vaut mieux parler & écrire fimplement, que de s'amufer à
des jeux de mots puériles, froids, & fades :
en voici un exemple dans cette épitaphe de
Defpautère :

Grammáticam ſcivit , multos docuítque per annos;
Declináre tamen non pótuit túmulum.

Vous voyez que l'auteur joue ſur la double ſignification de *declináre*.

Il ſut la Grammaire , il l'enſeigna pendant pluſieurs années , & cependant il ne put décliner le mot *túmulus*. Selon cette traduction , la penſée eſt fauſſe ; car Deſpautère ſavoit fort bien décliner *túmulus*.

Que ſi l'on ne prend point *túmulus* matérièlement , & qu'on le prène pour ce qu'il ſignifie, c'eſt-à-dire, pour *le tombeau* , & par métonymie pour *la mort* ; alors il faudra traduire que *malgré toute la conoiſſance que Deſpautère avoit de la Grammaire , il ne put éviter la mort ;* ce qui n'a ni ſel , ni raiſon ; car on ſait bien que la Grammaire n'exente pas de la néceſſité de mourir.

La traduction eſt l'écueil de ces ſortes de penſées : quand une penſée eſt ſolide , tout ce qu'elle a de réalité ſe conſerve dans la traduction ; mais quand toute ſa valeur ne conſiſte que dans un jeu de mots, ce faux brillant ſe diſſipe par la traduction.

Ce n'eſt pas toutefois qu'une muſe un peu fine
Sur un mot , en paſſant , ne joue & ne badine ;

Boileau ,
Art Poét.
chant 2.

Et d'un fens détourné n'abufe avec fuccès ;
Mais fuyez fur ce point un ridicule excès.

Giles Ro-bin, natif du S. Efprit, de l'Acad. d'Arles.

Dans le placet que M. Robin préfenta au Roi pour être maintenu dans la poffeffion d'une ile qu'il avoit dans le Rhone, il s'exprime en ces termes :

Qu'eft-ce en éfet pour toi, Grand Monarque des Gaules,
Qu'un peu de fable & de gravier ?
Que faire de mon ile ? Il n'y croît que des faules ;
Et tu n'aimes que le laurier.

Saules eft pris dans le fens propre, *& laurier* dans le fens figuré : mais ce jeu préfente à l'efprit une penfée très fine & très folide. Il faut pourtant obferver qu'elle n'a de vérité que parmi les nations où le laurier eft regardé come le fimbole de la victoire.

Les allufions doivent être facilement aperçues. Celles que nos poètes font à la fable font défectueufes, quand le fujet auquel elles ont raport n'eft pas affez conu. Malherbe dans fes ftances à M. du Périer, pour le confoler de la mort de fa fille, lui dit :

Poéfies de Malherbe, VI.

Tithon n'a plus les ans qui le firent cigale,
Et Pluton aujourd'hui,

Sans égard du paffé les mérites égale
D'Archemore & de lui.

Il y a peu de lecteurs qui conoiffent Archemore, c'eft un enfant du tems fabuleux. Sa
nourice l'ayant quitté pour quelques mo-
mens, un ferpent vint & l'étoufa. Malherbe
veut dire que Tithon après une longue vie,
s'eft trouvé à la mort au mème point qu'Archemore, qui ne vêcut que peu de jours.

L'auteur du poème de la Madeleine, dans
une apoftrophe à l'amour prophane , dit,
parlant de Jefus Chrift :

Puisque cet *Antéros* t'a fi bien defarmé :

Le mot d'*Antéros* n'eft guère conu que des favans, c'eft un mot grec qui fignifie *contre-*
amour : c'étoit une divinité du Paganifme ; le
Dieu vengeur d'un amour méprifé.

Ce poème de la Madeleine eft rempli de
jeux de mots,& d'allufions fi recherchées,que
malgré le refpect du au fujet, & la bone intention de l'auteur, il eft dificile qu'en lifant
cet ouvrage on ne foit point afecté come on
l'eft à la lecture d'un ouvrage burlefque. Les
figures doivent venir, pour ainfi dire, d'elles
mêmes ; elles doivent naitre du fujet, & fe
préfenter naturèlement à l'efprit, come nous

L. 2. pag.
25.

l'avons remarqué ailleurs : quand c'eſt l'eſprit qui va les chercher, elles déplaiſent, elles étonent, & ſouvent font rire par l'union bizare de deux idées, dont l'une ne devoit jamais être aſſortie avec l'autre. Qui croiroit, par exemple, que jamais le jeu de piquet dut entrer dans un poëme fait pour décrire la pénitence & la charité de ſainte Madeleine ; & que ce jeu dut faire naitre la penſée de ſe doner la diſcipline !

<table>
<tr><td>Poème de
la Madeleine, l. 3.
p. 42.</td><td>Piquez-vous ſeulement de jouer au piquet,
A celui que j'entens qui ſe fait ſans caquet ;
J'entens que vous preniez par fois la diſcipline,
Et qu'avec ce beau jeu vous faſſiez bone mine.</td></tr>
</table>

On ne s'atend pas non plus à trouver les termes de Grammaire détaillés dans un ouvrage qui porte pour titre, le nom de ſainte Madeleine ; ni que l'auteur imagine je ne ſai quel raport entre la Grammaire & les exercices de cette Sainte ; cependant une tète de mort & une diſcipline ſont les RUDIMENS de Madeleine.

<table>
<tr><td>Ibid. l. 2. p.
18. 19. &c.</td><td>Et regardant toujours ce tèt de trépaſſé
Elle voit LE FUTUR dans ce PRESENT PASSE'.

. . . .
Et c'eſt ſa diſcipline, & tous ſes châtimens,
Qui lui font comencer ces rudes RUDIMENS.</td></tr>
</table>

Ce qui la fait trembler pour son GRAMMAIRIEN,
C'est de voir, par un CAS du tout déraisonnable,
Que son amour lui rend la mort INDECLINABLE,
Et qu'ACTIF come il est aussi bien qu'excessif
Il le rend à ce point d'impassible PASSIF.
O que l'amour est grand, & la douleur amère,
Quand un VERBE PASSIF fait toute sa GRAMMAIRE!
LA MUSE pour cela me dit, non sans raison,
Que toujours la PREMIERE est sa CONJUGAISON.

. . . .

Sachant bien qu'en aimant elle peut tout pré-
　　　tendre,
Come tout ENSEIGNER, tout LIRE, & tout EN-
　　　TENDRE,
Pendant qu'elle s'ocupe à punir le forfait
De son TEMS PRETERIT qui ne fut qu'IMPARFAIT,
Tems de qui le FUTUR réparera les pertes
Par tant d'aflictions & de peines soufertes;
Et le PRESENT est tel, que c'est l'INDICATIF,
D'un amour qui s'en va jusqu'à l'INFINITIF.
Puis par un OPTATIF, ah! plut à Dieu, dit-elle,
Que je n'eusse jamais été si criminelle!

. . . .

Prenant avec plaisir, dans l'ardeur qui la brule,
Le FOUET pour discipline, & la croix pour
　　　FERULE.

Vous voyez qu'il n'oublie rien. Cet ouvrage eft rempli d'un nombre infini d'allufions aufli recherchées, pour ne pas dire, aufli puériles. Le défaut de jugement qui empêche de fentir ce qui eft ou ce qui n'eft pas à propos, & le defir mal entendu de montrer de l'efprit & de faire parade de ce qu'on fait, enfantent ces productions ridicules.

Molière,
Mifant. act.
. fc. 2.

Ce ftile figuré, dont on fait vanité,
Sort du bon caractère & de la vérité ;
Ce n'eft que jeux de mots, qu'afectation pure,
Et ce n'eft pas ainfi que parle la nature.

J'ajouterai encore ici une remarque, à propos de l'allufion : c'eft que nous avons en notre langue un grand nombre de chanfons, dont le fens litéral, fous une aparence de fimplicité, eft rempli d'allufions obfcènes. Les auteurs de ces productions font coupables d'une infinité de penfées dont ils faliffent l'imagination ; & d'ailleurs ils fe deshonorent dans l'efprit des honètes gens. Ceux qui dans des ouvrages férieux tombent par fimplicité dans le mème inconvénient que les fefeurs de chanfons, ne font guère moins répréhenfibles, & fe rendent plus ridicules.

Quintilien, tout païen qu'il étoit, veut que non feulement on évite les paroles obfcènes,
mais

mais encore tout ce qui peut réveiller des idées d'obfcénité. *Obfcœnitas verò non à verbis tantùm abéffe debet, fed étiam à fignificatióne.*

» On doit éviter avec foin en écrivant, dit-
» il ailleurs, * tout ce qui peut doner lieu à
» des allufions deshonêtes. Je fai bien que ces
» interprétations viènent fouvent dans l'ef-
» prit plutot par un éfet de la corruption du
» cœur de ceux qui lifent, que par la mauvai-
» fe volonté de celui qui écrit ; mais un au-
» teur fage & éclairé doit avoir égard à la foi-
» bleffe de fes lecteurs, & prendre garde de
» faire naitre de pareilles idées dans leur ef-
» prit : car enfin nous vivons aujourd'hui
» dans un fiècle où l'imagination des homes
» eft fi fort gâtée, qu'il y a un grand nombre
» de mots qui étoient autrefois très honêtes,

Quint. Inf-
tit. Orat.
l.vi. c.3.de
Rifu.

---

* Hoc vítium κακόφατον vocátur, five malâ confuetúdine in obfcœnum intelléctum fermo detórtus eft .... dicta fanctè & antíquè ridéntur à nobis : quam culpam non fcri-béntium quidem júdico, fed legéntium, tamen vitánda ; quátenus verba honéfta móribus perdídimus, & evincénti-bus étiam vítiis cedéndum eft. Sive junctúra defórmiter fo-nat ut .... áliæ conjunctiónes áliquid símile fáciunt quas pérfequi longum eft, in eo vítio quod vitándum díci-mus, commorántes. Sed divífio quoque affert eándem injú-riam pudóri. Nec fcripto modo id áccidit ; fed étiam fenfu pleríque obfcœnè intellígere, nifi cáveris, cúpiunt, ac ex verbis quæ longíffimè ab obfcœnitáte abfunt, occafiónem turpitúdinis rápere. *Quint.* Inft. Orat. lib viii. c. 3. de Ornátu.

L

» dont il ne nous eſt plus permis de nous ſer-
» vir par l'abus qu'on en fait : de ſorte
» que ſans une atention ſcrupuleuſe de la
» part de celui qui écrit, ſes lecteurs trou-
» vent malignement à rire en ſaliſſant leur
» imagination avec des mots, qui, par eux mê-
» mes, ſont très éloignés de l'obſcénité.

XIV.

L'IRONIE.

εἰρωνεία, Diſſimulátio in oratióne.

L'Ironie eſt une figure par laquelle on veut faire entendre le contraire de ce qu'on dit : ainſi les mots dont on ſe ſert dans l'ironie ne ſont pas pris dans le ſens propre & litéral.

M. Boileau, qui n'a pas rendu à Quinault toute la juſtice que le public lui a rendue depuis, a dit par ironie :

Boileau, Sat. IX.

Je le déclare donc, Quinault eſt un Virgile.

Il vouloit dire un mauvais poète.

Les idées acceſſoires ſont d'un grand uſage dans l'ironie: le ton de la voix, & plus encore la conoiſſance du mérite ou du démérite perſonel de quelqu'un, & de la façon de penſer de celui qui parle, ſervent plus à faire conoi-

tre l'ironie, que les paroles dont on se sert.
Un home s'écrie, *oh le bel esprit* ! Parle-t-il de
Cicéron, d'Horace ? il n'y a point là d'ironie;
les mots sont pris dans le sens propre : Parle-
t-il de Zoïle ? C'est une ironie. Ainsi l'ironie
fait une satire, avec les mèmes paroles dont
le discours ordinaire fait un éloge.

Tout le monde sait ce vers du pére de Chimène dans le Cid :

A de plus hauts partis Rodrigue doit prétendre.

Corn. Cid.
act. 1. sc. 3.

C'est une ironie. On en peut remarquer plusieurs exemples dans Balzac & dans Voiture.
Je ne sai si l'usage que ces auteurs ont fait de
cette figure seroit aujourd'hui aussi bien reçu,
qu'il l'a été de leur tems.

Cicéron comence par une ironie l'oraison
pour Ligarius. *Novum crimen, Caï Cæsar, &*
ante hunc diem inauditum, &c. Il y a aussi dans
l'oraison contre Pison un fort bel exemple
de l'ironie : c'est à l'ocasion de ce que Pison
disoit que s'il n'avoit pas triomphé de la Ma-
cédoine, c'étoit parce qu'il n'avoit jamais sou-
haité les honeurs du triomphe. » Que Pompée
» est malheureux, dit Cicéron, * de ne pou-

* Non est integrum Cn. Pompéio, consílio jam uti tuo ;
errávit enim. Non gustárat istam tuam philosóphiam; ter, jam
homo stultus, triumphávit. &c. *Cic.* in Pison. n. 58. xxiv.

» voir profiter de votre conseil! Oh! qu'il a eu
» tort de n'avoir point eu de gout pour votre
» philosophie ! Il a eu la folie de triompher
» trois fois. Je rougis, Crassus, de votre con-
» duite. Quoi, vous avez brigué l'honeur du
» triomphe avec tant d'empressement ! &c.

XXXXXXXXXXXXXXXXXXXXXXXXXXXXXXXXX

XV.

L'EUPHEMISME.

εὐφημισμός, boni óminis captá- tio: *discours de bon augure.* d'εὖ, *bien, heureusement,* & φημί, *je dis.*

L'Euphémisme est une figure par laquelle on déguise des idées desagréables, odieuses, ou tristes, sous des noms qui ne font point les noms propres de ces idées : ils leur servent come de voile, & ils en expriment en aparence de plus agréables, de moins choquantes, ou de plus honêtes, selon le besoin; par exemple : ce seroit reprocher à un ouvrier ou à un valet la bassesse de son état, que de l'apeler *ouvrier* ou *valet* ; on leur done d'autres noms plus honètes qui ne doivent pas être pris dans le sens propre. C'est ainsi que le bourreau est apelé par honeur, *le maitre des hautes œuvres.*

C'est par la même raison qu'on done à certaines étofes grossières le nom d'étofes plus fines ; par exemple : on apèle *velours de Mau-*

riène une forte de gros drap qu'on fait en Mauriène, province de Savoie, & dont les pauvres Savoyards font habillés. Il y a auſſi une forte d'étofe de fil, dont on fait des meubles de campagne ; on honore cette étofe du nom de *damas de Caux*, parce qu'elle fe fabrique au pays de Caux en Normandie.

Un ouvrier qui a fait la befogne pour laquelle on l'a fait venir, & qui n'atend plus que fon payement pour fe retirer, au lieu de dire *payez moi*, dit par euphémifme, *n'avez vous plus rien à m'ordoner.*

Nous difons auſſi, *Dieu vous aſſiſte*, *Dieu vous beniſſe*, plutot que de dire, *je n'ai rien à vous doner.*

Souvent pour congédier quelqu'un on lui dit, *voilà qui eſt bien*, *je vous remercie*, plutot que de lui dire *alez vous-en.*

Les Latins fe fervoient dans le mème fens de leur *rectè*, qui à la lettre fignifie *bien*, au lieu de répondre qu'ils n'avoient rien à dire. » Quand nous ne voulons pas dire ce que » nous penfons, de peur de faire de la peine à » celui qui nous intéroge, nous nous fervons » du mot de *rectè*, dit Donat. *

____

* *Rectè* dícimus cum fine injúria interrogántis áliquid reticémus. ***Donat.*** in Terent. Hecyr. act. 3. fc. 2. v. 20.

Soſtrata, dans Térence, † dit à ſon fils Pamphile , *pourquoi pleurez - vous ?* *Qu'avez - vous, mon fils ?* Il répond , *rectè mater.* *Tout va bien, ma mére* , Madame Dacier traduit , *rien, ma mére,* tel eſt le tour françois.

Dans une autre comédie de Térence, Clitiphon dit que quand ſa maitreſſe lui demande de l'argent, il ſe tire d'afaire en lui répondant *rectè* , c'eſt-à-dire, en lui donant de belles eſpèrances : car , dit-il , *je n'oserois lui avouer que je n'ai rien ; le mot de rien eſt un mot funeſte.*

Madame Dacier a mieux aimé traduire , *lorsqu'elle me demande de l'argent , je ne fais que marmoter entre les dents ; car je n'ai garde de lui dire que je n'ai pas le ſou.*

Si Madame Dacier eut été plus entendue qu'elle ne l'étoit en galanterie , elle auroit bien ſenti que *marmoter entre les dents* , n'étoit pas une contenance trop propre à faire naitre dans une coquète l'eſpérance d'un préſent.

Il y avoit toujours un verbe ſous-entendu avec *rectè.* *Rectè ádmones.* * *Ego iſthæc rectè ut fiant videro.* ** *Rectè ſuádes* , *** &c.

* Andr. act. 5. ſc. 4. v. 50.

** ibid. act. 2. ſc. 6. v. 25.

*** Heaut. act. 5. ſc. 2. v. 43.

† S. Quid lácrymas ? Quid es tam triſtis? P. rectè mater. *Ter.* Hecyr. act. 3. ſc. 2.

Tum quod dem ci *rectè* eſt, nam nihil eſſe mihi relígio eſt dicere. *Heaut.* act. 2. ſc. 1. v. 16, *& ſelon Mad. Dacier* act. 1. ſc. 4. v. 16.

A l'égard du *rettè* de la 2e. scène du III. acte
de l'Hécyre, il faut sous-entendre ou *váleo,*
rettè váleo ; ou *rettè mihi cónsulo*, ou enfin quelqu'autre mot pareil, come *res benè se habet*, &c:
Pamphile vouloit exciter cette idée dans l'efprit de fa mére pour en éluder la demande.

Pour ce qui eft de l'autre *rettè*, Clitiphon
vouloit faire entendre à fa maitreffe, qu'il
avoit des reffources pour lui trouver de l'argent ; que tout iroit bien, & que fes defirs
feroient enfin fatisfaits.

Ainfi , quoique Madame Dacier nous
dife * que nous n'avons point de mot en
notre langue qui puiffe exprimer la force
de ce *rettè*, je crois qu'il répond à ces façons
de parler, *cela va bien , cela ne va pas fi mal que*
vous penfez ; courage ; il y a efpérance, cela eft bon;
tout ira bien, &c.

Dans toutes les nations policées on a toujours évité les termes qui expriment des idées
deshonètes. Les perfones peu inftruites
croient que les Latins n'avoient pas cette dé-
licateffe : c'eft une erreur. Il eft vrai qu'aujourd'hui on a quelquefois recours au latin
pour exprimer des idées dont on n'oferoit
dire le mot propre en françois ; mais c'eft que
come nous n'avons apris les mots latins que

dans les livres, ils se préfentent à nous avec une idée accefloire d'érudition & de lecture, qui s'empare d'abord de l'imagination ; elle la partage, elle envelope, en quelque forte, l'idée deshonète, elle l'écarte, & ne la fait voir que de loin : ce font deux objets que l'on préfente alors à l'imagination, dont le premier eft le mot latin qui couvre l'idée qui le fuit, ainfi ces mots fervent come de voile & de périphrafe à ces idées peu honètes : au lieu que come nous fomes acoutumés aux mots de notre langue, l'efprit n'eft pas partagé à les entendre : ainfi il ne s'ocupe que des objets qu'ils fignifient ; il les regarde de plus près. Mais dans le tems que le latin & le grec étoient des langues vivantes, & que les Grecs & les Romains eurent ateint un certain degré de politeffe, les honètes gens ménageoient les termes come nous les ménageons en françois, & leur fcrupule aloit même quelquefois fi loin, qu'ils évitoient la rencontre des fylabes, qui, jointes enfemble, auroient pu réveiller des idées deshonètes. *Quia fi ita dicerétur, obfcæniùs concúrrerent litteræ,* dit Cicéron, & Quintilien a fait la même remarque.

Orat. n. 154. aliter XLV. Inft.Orat.l. VIII. c. 3.

», Ne devrois tu point mourir de hon-

» te , dit Chrémès à son fils , * d'avoir eu
» l'insolence d'amener à mes yeux , dans
» ma propre maison , une.... je n'ose pro-
» noncer un mot deshonète en présence de
» ta mére , & tu as bien osé comètre une
» action infâme dans notre propre maison !

C'étoit par la mème figure qu'au lieu de
dire *je vous abandone, je ne me mets point en peine
de vous, je vous quite*, les anciens disoient souvent, *vivez, portez-vous bien. Vivez forêts*, **
cette expression , dans l'endroit où Virgile
s'en est servi , ne marque pas un souhait que
le berger fasse aux forêts , il veut dire simplement qu'il les abandone.

Ils disoient aussi quelquefois, *avoir vécu ,*

---

* Non mihi per fallácias addúcere ante óculos . . . . .
pudet dícere hác præsente verbum turpe;at te id nullo modo
púduit fácere. Heaut. act. 5. sc. 4. v. 18.

Ego servo & servábo Platónis verecúndiam. Itaque , tec-
tis verbis , ea ad te scripsi , quæ apertíssimis agunt Stói-
ci. Illi étiam crépitus aiunt æquè líberos , ac ructus , esse
oportére. *Cic.* l. ix. Epist. 22.

Æquè câdem modéstiâ , pótiùs cum muliere fuisse,quàm
concubuisse , dicébant. *Varro* de ling. lat. l. v. sub fin.

Mos fuit , res turpes & fœdas prolátu , honestiórum con-
vestírier dignitáte. *Arnob.* l. v.

** Omnia vel médium fiant mare , vívite sylvæ. *Virg.* Ec.
viii. v. 58.

Váleant , qui inter nos dissidium volunt. *Ter.* And. act.
iv. sc. 2. v. 13.

Castra peto : valeátque Venus, valeántque púellæ. *Tibull.*
l. 2. El. 6. v. 9.

avoir été, s'en être alé, avoir pafsé par la vie, [*vitâ funêtus*, *] au lieu de dire *être mort*, le terme de *mourir* leur paroiſſoit en certaines ocaſions un mot funeſte.

Les anciens portoient la ſuperſtition juſqu'à croire qu'il y avoit des mots de mauvais augure, dont la ſeule prononciation pouvoit atirer quelque malheur : come ſi les paroles, qui ne ſont qu'un air mis en mouvement, pouvoient produire, par elles mêmes, quelqu'autre éfet dans la nature, que celui d'exciter dans l'air un ébranlement, qui, ſe comuniquant à l'organe de l'ouie, fait naitre dans l'eſprit des homes les idées dont ils ſont convenus par l'éducation qu'ils ont reçue.

Cette ſuperſtition paroiſſoit encore plus dans les cérémonies de la religion : on craignoit de doner aux Dieux quelque nom qui leur fut defagréable. On étoit averti ** au co-

---

* Fungi fungor ſignifie *paſſer par*, dans un ſens métaphorique : *être délivré de, s'être aquité de.*

** Malè ominátis párcite verbis, *ou ſelon d'autres*, malè nominátis. *Hor.* l. 3. od. 14.

Favéte linguis. *Hor.* l. 3. od. 1.

Ore favéte omnes. *Virg.* Æn. l. 5. v. 71.

Dicámus bona verba, venit natális, ad aras.

Quiſquis ades, linguâ, vir muliérque fave. *Tibull.* l. 2. El. 2. v. 1.

Próſpera lux óritur, linguíſque animíſque favéte,

Nunc dicénda bono, ſunt bona verba, die. *Ovid.* Faſt. l. 1. v. 71.

mencement du sacrifice ou de la cérémonie, de prendre garde de prononcer aucun mot qui put atirer quelque malheur, de ne dire que de bones paroles, *bona verba fari*, enfin d'être favorable de la langue, *favéte linguis*, ou *linguâ*, ou *ore* ; & de garder plutot le silence, que de prononcer quelque mot funeste qui put déplaire aux Dieux : & c'est delà que *favéte linguis* signifie par extension *faites silence*.

Par la mème raison ou plutot par le mème fanatisme, lorsqu'un oiseau avoit été de bon augure, & que ce qu'on devoit atendre de cet heureux présage étoit détruit par un augure contraire, ce second augure ne s'apeloit point mauvais augure ; mais simplement *l'autre augure*, * ou *l'autre oiseau*. C'est pourquoi, dit Festus, ce terme *alter*, veut dire quelquefois *contraire*, *mauvais*.

Il y avoit des mots consacrés pour les sacrifices, dont le sens propre & litéral étoit bien diférent de ce qu'ils signifioient dans ces cérémonies superstitieuses ; par exemple : *mactáre*, qui veut dire *magis auctáre*, augmenter davantage, se disoit des victimes qu'on

---

* *Alter*, & pro non bono pónitur, ut in augúriis, *altera* cum appellátur *avis* quæ útique próspera non est ; sic *alter* nonnúnquam pro advérso dícitur & malo. *Festus, v. alter.*

facrifioit. On n'avoit garde de fe fervir alors d'un mot qui put faire naitre l'idée funefte de la mort ; on fe fervoit par euphémifme de *mactáre*, augmenter ; foit que les victimes augmentaffent alors en honeur, foit que leur volume fut groffi par les ornemens dont on les paroit ; foit enfin que le facrifice augmentat en quelque forte l'honeur qu'on rendoit aux Dieux. Nous avons fur ce point un beau paffage de Varron que l'on peut voir ici au bas de la page.*

De même, parce que *cremári*, être brulé, auroit été un mot de mauvais augure, & que l'autel croiffoit, pour ainfi dire, par les herbes, par les entrailles des victimes, & par tout ce qu'on metoit deffus pour être brulé ; au lieu de dire *on brule fur les autels*, ils difoient *les autels croiffent*, car *adolére* & *adoléfcere* fignifient proprement *croiftre* ; & ce n'eft que par euphémifme que ces mots fignifient *bruler*.

'Adoléfcunt
ignibus
aræ. *Virg.*
Georg. IV.
v. 379.

* *Mactáre*, verbum eft facrórum, καʼ ἐυφημισμὸν dictum, quafi *magis augére*, ut *adolére* ; undè & *magméntum* quafi *majus augméntum* : nam hóftiæ tangúntur molâ falsâ, & tum *immoláta* dicuntur ; cum verò ictæ funt & áliquid ex illis in aram datum eft, *mactáta* dicúntur per laudatiónem, itémque boni óminis fignificatiónem. Et cum illis mola falfa impónitur, dícitur *macte efto*. *Varro* de vitâ Pop. Rom. l. 2. *dans les fragmens qui font à la fin des œuvres de Varron, de l'édition de* J. Janfon Amft. 1623. p. 63.

C'eſt ainſi que les perſones du peuple diſent quelquefois dans leur colère, *que le bon
Dieu vous emporte*, n'oſant prononcer le nom
du malin eſprit.

Dans l'Ecriture Sainte le mot de *benir* eſt
mis quelquefois au lieu de maudire, qui eſt
préciſément le contraire. Come il n'y a rien
de plus afreux à concevoir, que d'imaginer
quelqu'un qui s'emporte juſqu'à des impréca-
tions ſacrilèges contre Dieu même ; au lieu
du terme de *maudire*, on a mis le contraire
par euphémiſme.

Naboth n'aïant pas voulu vendre au Roi
Achab, une vigne qu'il poſſédoit, & qui
étoit l'héritage de ſes péres ; la Reine Jéza-
bel, femme d'Achab, ſuſcita deux faux témoins qui dépoſèrent, que Naboth avoit blaſ-
phémé contre Dieu & contre le Roi : Or, l'E-
criture pour exprimer ce blaſphème, fait dire
aux témoins que *Naboth a beni Dieu & le Roi.* *

Job dit dans le même ſens, *peut-être que mes
enfans ont péché, & qu'ils ont beni Dieu dans leur
cœur.* **

---

* Viri diabólici dixérunt contra eum teſtimónium coram
multitúdine ; benedíxit Naboth Deum & Regem. *Reg. III.*
c. 21. v. 10. & 13.

** Ne forté peccáverint filii mei & benedíxerint Deo in
córdibus ſuis. *Job.* 1. v. 5.

C'eft ainfi que dans ces paroles de Virgile

Æn. l.111.
v. 57.*auri facra fames* , *facra* fe prend pour *execrábilis* , felon Servius ; foit par euphémifme, foit par extenfion : car il eft à obferver que fouvent par extenfion *facer* vouloit dire *exécrable*. Ceux que la juftice humaine avoit condânés , & ceux qui fe dévouoient pour le peuple , étoient regardés come autant de perfones facrées. Delà , dit Feftus, † tout méchant home eft apelé *facer. O le maudit boufon* , dit Afranius , en fe fervant de *facrum* : * *O facrum fcurram , & malum.* Et Plaute parlant d'un marchand d'efclaves, s'exprime en ces termes , *Hómini (fi leno eft homo) quantum hóminum terra fúftinet, facérrimo.*

* Fragm.
Vet. Poet.
Lond.1713.
p. 1512.

Plaut. Pœn.
Prolog. v.
90.

On peut encore raporter à l'euphémifme ces périphrafes ou circonlocutions dont un orateur délicat envelope habilement une idée , qui toute fimple exciteroit peut-être dans l'efprit de ceux à qui il parle, une image

---

† Homo *facer* is eft , quem pópulus judicávit ob maleficium, neque fas eft eum immolári . . . ex quo quivis homo, malus atque ímprobus, *facer* appellári folet. *Feftus. v. facer.*

Maffiliénfes, quóties peftiléntiâ laborábant , unus fe ex paupéribus offerébat , aléndus anno íntegro públicis & purióribus cibis. Hic pófteà , ornátus verbénis & véftibus facris, cicumducebátur per totam civitátem , cum execratiónibus ; ut in ipfum recíderent mala totíus civitátis ; & fic projiciebátur. *Servius* in Æn. III. v. 57.

ou des sentimens peu favorables à son dessein principal. Cicéron n'a garde de dire au Sénat que les domestiques de Milon tuèrent Clodius ; * » ils firent , dit-il, ce que tout maî- » tre eut voulu que ses esclaves eussent fait en » pareille ocasion. « De même , lorsqu'on ne done pas à un mercénaire tout l'argent qu'il demande, au lieu de lui dire *je ne veux pas vous en doner davantage* , souvent on lui dit par euphémisme , *je vous en donerai davantage une autre fois ; cela se trouvera : je chercherai les occasions de vous récompenser :* &c.

XVI.

L'ANTIPHRASE.

L'Euphémisme & l'Ironie ont doné lieu aux Grammairiens d'inventer une figure qu'ils apèlent *Antiphrase* , c'est-à-dire, *contre-vérité* ; par exemple : La mer noire sujète à de fréquens naufrages, & dont les bords étoient habités par des homes extrèmement féroces, étoit apelée *le Pont-Euxin*, c'est-à-dire, mer favorable à ses hôtes , *mer hospitalière.* C'est εὔξεινος, hospitalis, *Qui exerce l'hospitalité.*

* Fecérunt id servi Milónis . . . . quod suos quisque servos in tali re fácere voluisset. *Cic.* pro Milóne, num. 2 9.

pourquoi Ovide a dit que le nom de cette mer étoit un nom menteur.

Quem tenet Euxíni, mendax cognómine, littus.
Et ailleurs : Pontus, Euxíni falfo nómine dictus.

Sanctius & quelques autres ne veulent point mètre l'antiphrafe au rang des figures. Il y a en éfet je ne fai quoi d'opofé à l'ordre naturel , de nomer une chofe par fon contraire, d'apeler *lumineux* un objet parce qu'il eft obfcur ; l'antiphrafe ne fatisfait pas l'efprit.

Malgré les mauvaifes qualités des objets, les anciens qui perfonifioient tout , leur donoient quelquefois des noms flateurs, come pour fe les rendre favorables , ou pour fe faire un bon augure , un bon préfage.

Ainfi c'étoit par euphémifme, par fuperftition, & non par antiphrafe, que ceux qui aloient à la mer que nous apelons aujourd'hui *la mer noire* , la nomoient *mer hofpitalière* , c'eft-à dire, mer qui ne nous fera point funefte , qui nous fera propice, où nous ferons bien reçus, mer qui fera pour nous une mer hofpitalière , quoiqu'elle foit comunément pour les autres une mer funefte.

Les trois Déeffes infernales, filles de l'Erèbe
&

Ovid. Trift.
l. 5. Eleg.
10, v. 13.
Idem l. 3.
El. 13. v. ult.

de la Nuit , qui , felon la fable , filent la trame de nos jours , étoient apelées *les Parques* ; de l'adjectif *parcus* , *quia parcè nobis vitam tribuunt.* Chacun trouve qu'elles ne lui filent pas affez de jours. D'autres difent qu'elles ont été ainfi apelées , parce que leurs fonctions font partagées. *Parcæ , quafi partitæ.*

Cloto colum rétinet, Láchefis net, & Atropos occat.

Ce n'eft donc point par antiphrafe *quia némini parcunt* , qu'elles ont été apelées *Parques.*

Les Furies, Alecto, Tifiphone & Mégère, ont été apelées *Euménides* , du grec *eúmeneis,* *benévolæ* , douces, bienfefantes. La comune opinion eft que ce nom ne leur fut doné qu'après qu'elles eurent ceffé de tourmenter Orefte qui avoit tué fa mére. Ce prince fut , dit-on , le premier qui les apela *Euménides.* Ce fentiment eft adopté par le P. Sanadon. D'autres prétendent que les Furies étoient apelées *Euménides* long-tems avant qu'Orefte vint au monde : mais d'ailleurs cette avanture d'Orefte eft remplie de tant de circonftances fabuleufes, que j'aime mieux croire qu'on a apelé les Furies *Euménides* par euphémifme , pour fe les rendre favorables. C'eft ainfi

ἰυμεννίς

Poéfies d'Horace, T. 1. page 458.

M

qu'on traite tous les jours de *bones* & de *bien-fefantes* les persones les plus aigres & les plus dificiles dont on veut apaiſer l'emportement, ou obtenir quelque bienfait.

On dit encore qu'un bois ſacré eſt apelé *lucus*, par antiphraſe : car ces bois étoient fort ſombres, & *lucus* vient de *lucére*, luire : mais ſi *lucus* vient de *lucére*, c'eſt par une raiſon contraire à l'antiphraſe ; car come il n'étoit pas permis par reſpect de couper de ces bois, ils étoient fort épais & par conſéquent fort ſombres, ainſi le beſoin, autant que la ſuperſtition avoit introduit l'uſage d'y alumer des flambeaux.

Manes, les manes, c'eſt-à-dire, les ames des morts, & dans un ſens plus étendu les habitans des enfers, eſt encore un mot qui a doné lieu à l'antiphraſe. Ce mot vient de l'ancien adjectif *manus*, * dont on ſe ſervoit au lieu de *bonus*. Ceux qui prioient les manes les apeloient ainſi pour ſe les rendre favorables. *Vos ô mihi manes eſte boni* ; c'eſt ce que Virgile fait dire à Turnus. Ainſi tous les exemples dont on prétend autoriſer l'anti-phraſe ſe raportent, ou à l'euphémiſme, ou à l'ironie ; come quand on dit à Paris, *c'eſt une muète des hales*, c'eſt-à-dire une femme qui chante pouilles, une vraie harangère des ha-les ; *muète* eſt dit alors par ironie.

* Feſtus, v. *Manáre*, *mane.* Nonius, c. 1. n. 337. Varr. de ling. lat. l. 5. initio. Virg. Æn. 12. v. 647.

XVII.

LA PÉRIPHRASE.

QUintilien met la Périphrase au rang des tropes ; en éfet , puisque les tropes tiènent la place des expreſſions propres, la périphraſe eſt un trope , car la périphraſe tient la place, ou d'un mot ou d'une phraſe.

Nous avons expliqué dans la première partie de cette Grammaire ce que c'étoit qu'une phraſe : c'eſt une expreſſion, une manière de parler, un arangement de mots , qui fait un ſens fini ou non fini.

La périphraſe ou circonlocution eſt un aſſemblage de mots qui expriment en pluſièurs paroles ce qu'on auroit pu dire en moins & ſouvent en un ſeul mot ; par exemple : *Le vainqueur de Darius* , au lieu de dire, *Alexandre : l'aſtre du jour* , pour dire *le ſoleil*.

On ſe ſert de périphraſes, ou par bienſéance, ou pour un plus grand éclairciſſement, ou pour l'ornement du diſcours , ou enfin par néceſſité.

περίφρασις Circumlocútio. περὶ, circum. φράζω dico.

Plúribus autem verbis cum id quod uno , aut paucióribus certè , dici poteſt', explicátur , περίφρασιν vocant , circúitum loquéndi. *Quint.* Inſt. Or. l. VIII. c. 6. de Tropis.

1. Par bienféance, lorsqu'on a recours à la périphrafe, pour enveloper des idées baffes ou peu honètes. Souvent auffi, au lieu de fe fervir d'une expreffion qui exciteroit une image trop dure, on l'adoucit par une périphrafe, come nous l'avons remarqué dans l'euphémifme.

2. On fe fert auffi de périphrafe pour éclaircir ce qui eft obfcur, les définitions font autant de périphrafes : come lorfqu'au lieu de dire *les Parques*, on dit, *les trois Déeffes infernales, qui felon la fable, filent la trame de nos jours.*

La Paraphrase.

Remarquez que quelquefois après qu'on a expliqué par une périphrafe un mot obfcur ou peu conu, on develope plus au long la penfée d'un auteur, en ajoutant des réflexions ou des circonftances qu'il auroit pu ajouter lui même ; mais alors ces fortes d'explications plus amples & conformes au fens de l'auteur, font ce quon apèle des *Paraphrafes*, la paraphrafe eft une espèce de comentaire: on reprend le difcours de celui qui a dèja parlé, on l'explique, on l'étend davantage en fuivant toujours fon efprit. Nous avons des paraphrafes des Pfeaumes, du livre de Job, du Nouveau Teftament, &c. Nous avons auffi des paraphrafes de l'art poëtique d'Horace, &c. La périphrafe ne fait que tenir la place d'un mot ou d'une expreffion, au fond elle ne dit pas davantage ; au lieu que la paraphrafe ajoute d'autres penfées, elle explique, elle develope.

3. On fe fert de périphrafes pour l'ornement du difcours, & furtout en poéfie. Le génie de la poéfie confifte à amufer l'imagination par des images qui au fond fe réduifent fouvent à une penfée que le difcours ordinaire exprimeroit avec plus de fimplicité, mais d'une manière ou trop féche ou trop baffe ; la périphrafe poètique préfente la penfée fous une forme plus gracieufe ou plus noble : C'eft ainfi qu'au lieu de dire fimplement *à la pointe du jour*, les poètes difent :

L'Aurore cependant au visage vermeil ;
Ouvroit dans l'Orient le palais du foleil :
La nuit en d'autres lieux portoit fes voiles fombres,
Les fonges voltigeans fuioient avec les ombres.

Henriade, ch. VI.

Madame Dacier comence le XVII. livre de l'Odyffée d'Homère par ce vers :

Dès que la belle Aurore eut anoncé le jour.

Et ailleurs elle dit,» la brillante Aurore fortoit »à peine du fein de l'Océan pour anoncer aux

Iliade, l. XIX.

» Dieux & aux homes le retour du foleil.

Pour dire que le jour finit, qu'il eft tard *advefperafcit*, Virgile dit qu'on voit dèja fumer de loin les cheminées, que dèja les ombres s'alongent & femblent tomber des montagnes.

Ecl. 1. v. 83.

Et jam fumma procul villárum cúlmina fumant,
Majoréfque cadunt altis de móntibus umbræ.

Boileau a dit par imitation :

Lutrin,
ch. 2.

Les ombres cependant fur la vile épandues
Du faite des maifons defcendent dans les rues.

On poura remarquer un plus grand nombre d'exemples pareils dans les auteurs. Je me contenterai d'obferver ici qu'on ne doit fe fervir de périphrafes que quand elles rendent le difcours plus noble ou plus vif par le fecours des images. Il faut éviter les périphrafes qui ne préfentent rien de nouveau, qui n'ajoutent aucune idée acceffoire, elles ne fervent qu'à rendre le difcours languiffant : fi après avoir dit d'un home acablé de remords, *qu'il eft toujours trifte*, vous vous fervez de quelque périphrafe qui ne dife autre chofe, finon que *cet home eft toujours fombre, rèveur, mélancolique & de mauvaife humeur*, vous ne rendez guère votre discours plus vif par de telles expreſſions. M. Boileau ſur un ſujet pareil a fait d'après Horace une eſpèce de périphraſe qui tire tout ſon prix de la peinture dont elle ocupe l'imagination du lecteur.

Ce fou rempli d'erreurs que le trouble acompagne
Et malade à la vile ainſi qu'à la campagne,
Envain monte à cheval pour tromper ſon ennui,
Le chagrin monte en croupe & galope avec lui.

Ep. v.

Poſt équitem ſedet atra cura. Hor. l. III. od. I. v. 40.

Le mème poëte au lieu de dire *pendant que je ſuis encore jeune*, ſe ſert de trois périphraſes qui expriment cette mème penſée ſous trois images diférentes :

Tandis que libre encor, malgré les deſtinées,
Mon corps n'eſt point courbé ſous le faix des années;
Qu'on ne voit point mes pas ſous l'âge chanceler
Et qu'il reſte à la Parque encor dequoi filer.

Sat. I.

On doit auſſi éviter les périphraſes obſcures & trop enflées. * Celles qui ne ſervent ni à la clarté, ni à l'ornement du diſcours, ſont défectueuſes. C'eſt une inutilité deſagréable qu'une périphraſe à la ſuite d'une penſée vive, claire, ſolide & noble. L'eſprit qui a été fra-

---

* Ut cùm decórum habet, períphraſis, ita cùm in viſium incidit περισσολογία dícitur : obſtat enim quidquid non ádjuvat, *Quint.* Inſtit. Orat. l. VIII. c. 6.

H iiij

pé d'une penfée bien exprimée, n'aime point à la retrouver fous d'autres formes moins agréables, qui ne lui aprènent rien de nouveau, ou rien qui l'intéreffe. Après que le pére des trois Horaces, dans l'exemple que j'ai dèja raporté, * a dit *qu'il mourut,* il devoit en demeurer là & ne pas ajouter :

* page 10.

> Ou qu'un beau desespoir enfin le fecourut.

Marot, dans une de fes plus belles épitres, raconte agréablement au Roi François I. le malheur qu'il a eu d'avoir été volé par fon valet, qui lui avoit pris fon argent, fes habits, & fon cheval : enfuite il dit :

> Et néantmoins ce que je vous en mande,
> N'eft pour vous faire ou requète ou demande:
> Je ne veux point tant de gens reffembler
> Qui n'ont fouci autre que d'affembler ;
> Tant qu'ils vivront ils demanderont, eux :
> Mais je comence à devenir honteux,
> Et ne veux point à vos dons m'arêter.
> Je ne dis pas, fi voulez rien prêter,
> Que ne le prène : il n'eft point de prêteur
> S'il veut prêter qu'il ne faffe un debteur.
> Et favez-vous, Sire, coment je paye,
> Nul ne le fait fi premier ne l'effaye.
> Vous me devrez, fi je puis, de retour ;
> Et vous ferai encores un bon tour ;

'A celle fin qu'il n'y ait faute nulle,
Je vous ferai une belle cédule,
A vous payer, fans ufure il s'entend,
Quand on verra tout le monde content ;
Ou fi voulez, à payer ce fera,
Quand votre los & renom ceffera.

Voilà où le génie conduifit Marot, & voilà où l'art devoit le faire arêter : ce qu'il dit enfuite que *les deux princes Lorains le pleigeront*, & encore

'Avifez donc, fi vous avez defir
De rien prêter, vous me ferez plaifir :

Tout cela, dis-je, n'ajoute plus rien à la penfée : c'eft ce que Cicéron apèle *verbórum vel optimórum atque ornatiffimórum fónitus inánis.* Que s'il y avoit quelque chofe de plus à dire, ce font les douze derniers vers qui font un nouveau fens, & ne font plus une périphrafe qui regarde l'emprunt.

Cic. de Orat. l. 1. n. XII. aliter 51.

Voilà le point principal de ma lettre,
Vous favez tout, il n'y faut plus rien mettre.
Rien mettre las ! Certes & fi ferai,
En ce faifant mon ftile j'enflerai,
Difant, ô Roi amoureux des neuf Mufes,
Roi, en qui font leurs fciences infufes,

Roi , plus que Mars , d'honeur environé ,
Roi , le plus Roi qui fut onc couroné ;
Dieu tout puiſſant te doint , pour t'eſtrèner ,
Les quatre coins du monde à gouverner ,
Tant pour le bien de la ronde machine ,
Que pour autant que ſur tous en es digne.

4. On ſe ſert de périphrase par néceſſité , quand il s'agit de traduire & que la langue du traducteur n'a point d'expreſſion propre qui réponde à la langue originale , par exemple, pour exprimer en latin une péruque , il faut dire *coma adſcititia* , une chevelure empruntée, des cheveux qu'on s'eſt ajuſtés. Il y a en latin des verbes qui n'ont point de ſupin & par conſéquent point de participe : ainſi au lieu de s'exprimer par le participe , on eſt obligé de recourir à la périphraſe *fore ut , eſſe futurum ut* ; j'en ai doné pluſieurs exemples dans la ſyntaxe.

XXXXXXXXXXXXXXXXXXXXXXXXXXXXXXXXXXXXXX

XVIII.

L'Hypallage.

Virgile, pour dire *mettre á la voile*, a dit, * *dare cláſſibus auſtros* : l'ordre naturel demandoit qu'il dit plutot *dare claſſes auſtris*.

Cicéron, dans l'oraiſon pour Marcellus, dit à Céſar qu'on n'a jamais vu dans la vile ſon épée vide du foureau, *gládium vaginâ vácuum in urbe non vídimus*. Il ne s'agit pas du fonds de la penſée qui eſt de faire entendre que Céſar n'avoit exercé aucune cruauté dans la vile de Rome, il s'agit de la combinaiſon des paroles qui ne paroiſſent pas liées entre elles come elles le font dans le langage ordinaire, car *vácuus* ſe dit plutot du foureau que de l'épée.

Ovide comence ſes métamorphoſes par ces paroles,

In nova fert ánimus mutátas dícere formas Córpora.

La conſtruction eſt *ánimus fert me ad dícere formas mutátas in nova córpora*. Mon génie me porte à raconter les formes changées en de nouveaux corps : il étoit plus naturel de dire, *à*

Ὑπαλλαγή, immutátio. ὑπὸ, ſub, ab. & ἠλλάγην. aor. 2. paſſ. d'ἀλλάτ͜ω. * Æn. l. 111. v. 61.

raconter les corps, c'eſt-à-dire, *à parler des corps changés en de nouvèles formes.*

Vous voyez que dans ces ſortes d'expreſſions les mots ne ſont pas conſtruits ni combinés entr'eux come ils le devroient être ſelon la deſtination des terminaiſons & de la conſtruction ordinaire. C'eſt cette tranſpoſition ou changement de conſtruction qu'on apèle *Hypallage*, mot grec qui ſignifie *changement.*

Cette figure eſt bien malheureuſe : les Rhéteurs diſent que c'eſt aux Grammairiens à en parler, *Grammaticórum pótius ſchema eſt quàm tropus*, dit Voſſius ; & les Grammairiens la renvoient aux Rhéteurs : *l'hypallage, à vrai dire, n'eſt point une figure de Grammaire*, dit la nouvèle Méthode de P. R. *C'eſt un trope ou une figure d'élocution.*

Le changement qui ſe fait dans la conſtruction des mots par cette figure ne regarde pas leur ſignification, ainſi en ce ſens cette figure n'eſt point un trope & doit être miſe dans la claſſe des idiotiſmes ou façons de parler particulières à la langue latine : mais j'ai cru qu'il n'étoit pas inutile d'en faire mention parmi les tropes : le changement que l'hypallage fait dans la combinaiſon & dans

Inſt. Orat. l. IV. c. 13. art. 12.

Des fig. de Conſt. ch. VI. p. 558.

la conftruction des mots eft une forte de trope ou de converfion. Après tout, dans quelque rang qu'on juge à propos de placer l'hypallage, il eft certain que c'eft une figure très
remarquable.

Souvent la vivacité de l'imagination nous
fait parler de manière, que quand nous venons enfuite à confidérer de fang froid l'a-
rangement dans lequel nous avons conftruit
les mots dont nous nous fomes fervis, nous
trouvons que nous nous fomes écartés de
l'ordre naturel, & de la manière dont les autres homes conftruifent les mots quand ils
veulent exprimer la même penfée ; c'eft un
manque d'exactitude dans les modernes; mais
les langues anciènes autorifent fouvent ces
transpofitions ; ainfi dans les anciens la transpofition dont nous parlons eft une figure res-
pectable qu'on apèle *hypallage*, c'eft-à-dire,
changement, transpofition, ou renversement
de conftruction. Le befoin d'une certaine
mefure dans les vers a fouvent obligé les anciens poètes d'avoir recours à ces façons de
parler, & il faut convenir qu'elles ont quelquefois de la grace : auffi les a-t-on élevées à
la dignité d'expreffions figurées ; & en ceci
les anciens l'emportent bien fur les moder-

nes à qui on ne fera de long-tems le mème honeur.

Je vais ajouter encore ici quelques exem-ples de cette figure , pour la faire mieux co-noitre. Virgile fait dire à Didon :

Æn. l. iv.
v. 385.

Et cùm frígida mors ánimâ sedúxerit artus.

Après que la froide mort aura séparé de mon ame les membres de mon corps , il est plus ordinaire de dire *aura séparé mon ame de mon corps* : le corps demeure & l'ame le quite ; ainsi Servius & la plupart · des comentateurs trouvent une hypallage dans ces paroles de Virgile.

Le mème poète parlant d'Enée & de la Si-byle qui conduisit ce héros dans les enfers dit:

Æn. l. vi.
v. 268.

Ibant obscúri solâ sub noĉte per umbram.

Pour dire qu'ils marchoient tout seuls dans les ténèbres d'une nuit sombre. Servius & le P. de la Rue disent que c'est ici une hypal-lage pour *ibant soli sub obscúrâ noĉte.*

Horace a dit :

Hor.l.v.od.
14. v. 3.

Pócula lethæos ut si ducéntia somnos
Tráxerim.

Come si j'avois bu les eaux qui amènent le someil du fleuve Léthé. Il étoit plus naturel de dire *pó-cula lethæa* , les eaux du fleuve Léthé.

Virgile a dit qu'*Enée raluma des feux presque
éteins.*

Æn. l. v.
v. 743.

. . . . *Sopítos súscitat ignes.*

Il n'y a point là d'hypallage, car *sopitos* selon
la construction ordinaire se raporte à *ignes*:
mais quand pour dire qu'*Enée raluma sur l'autel d'Hercule le feu presque éteint*, Virgile s'exprime en ces termes :

. . . . *Hercúleis sopítas ígnibus aras*
Excitat.

Æn.l.viii.
v. 542.

Alors il y a une Hypallage, car selon la
combinaison ordinaire, il auroit dit, *éxci-
tat ignes sopítos in aris hercúleis* , id est, *Hérculi
sacris.*

Au livre XII. pour dire *si au contraire Mars
fait tourner la victoire de notre côté*, il s'exprime
en ces termes :

Sin nostrum annúerit nobis victória Martem.

Æn. l.xii.
v. 187.

Ce qui est une hypallage selon Servius. *Hypallage : pro* Sin noster Mars annúerit nobis vic-
tóriam : *nam Martem victória comitátur.*

Servius,
inibid.

On peut aussi regarder come une sorte d'hypallage , cette façon de parler selon laquelle
on marque par un adjectif, une circonstance
qui est ordinairement exprimée par un adver-

be : c'eft ainfi qu'au lieu de dire qu'*Enée envoya promptement Achate*. Virgile dit :

Æn. l. 1. v. 644.

. . . . *Rápidum ad naves præmíttit Acháten Afcánio.*

Rápidum eft pour *promptement, en diligence.*

ibid. v. 70. *Age diverſas*, c'eft-à-dire, chaffez-les çà & là.

Æn. l. 1. v. 423. *Jamque afcendébant collem qui plúrimus urbi Imminet.*

Plúrimus, c'eft-à-dire, *en long*, une coline qui domine, qui regne tout le long de la vile.

Médius, ſummus, ínfimus, ſont ſouvent employés en latin dans un ſens que nous rendons par des adverbes, & de même *nullus* pour *non* : *mémini, tamétſi nullus móneas*, pour *non móneas*, come Donat l'a remarqué.

Ter. Eun. Act. 2. ſc. 1. v. 10.

Par tous ces exemples on peut obſerver :

1. Qu'il ne faut point que l'hypallage aporte de l'obſcurité ou de l'équivoque à la penſée. Il faut toujours qu'au travers du dérangement de conſtruction, le fonds de la penſée puiſſe être auſſi facilement démêlé, que ſi l'on ſe fut ſervi de l'arangement ordinaire. On ne doit parler que pour être entendu par ceux qui conoiſſent le génie d'une langue.

2. Ainſi quand la conſtruction eft équivoque, ou que les paroles expriment un ſens con-

contraire à ce que l'auteur a voulu dire ; on doit convenir qu'il y a équivoque, que l'auteur a fait un contre-fens, & qu'en un mot, il s'eft mal exprimé. Les anciens étoient homes, & par conféquent fujets à faire des fautes come nous. Il y a de la petiteffe & une forte de fanatifme à recourir aux figures pour excufer des expreffions qu'ils condâneroient eux mêmes, & que leurs contemporains ont fouvent condânées. L'hypallage ne prête pas fon nom aux contre-fens & aux équivoques; autrement tout feroit confondu, & cette figure deviendroit un azile pour l'erreur & pour l'obfcurité.

3. L'hypallage ne fe fait que quand on ne fuit point dans les mots l'arangement établi dans une langue ; mais il ne faut point juger de l'arangement & de la fignification des mots d'une langue par l'usage établi en une autre langue pour exprimer la même penfée. Nous difons en françois *je me repens*, *je m'aflige de ma faute*: *Je* eft le fujet de la propofition, c'eft le nominatif du verbe : en latin on prend un autre tour, les termes de la propofition ont un autre arangement, *je* devient le terme de l'action, ainfi, felon la deftination des cas, *je* fe met à l'acufatif; *le fouvenir de ma faute m'a-*

N

flige , m'afecte de repentir , tel eſt le tour latin, *pœnitet me culpæ ,* c'eſt-à-dire , *recordátio , rátio , reſpéctus , vitium , negótium , factum ,* ou *malum culpæ pœnitet me* ; Phèdre a dit , *malis nequítiæ* pour *nequítiâ : Res cibi* pour *cibus.* Voyez les obſervations que nous avons faites ſur ce ſujet dans la ſyntaxe.

l.3. f.8. v.15
l.4. f.7. v.4.

Il n'y a donc point d'hypallage dans *pœnitet me culpæ* , ni dans les autres façons de parler ſemblables; je ne crois pas non plus, quoiqu'en diſent les comentateurs d'Horace , qu'il y ait une hypallage dans ces vers de l'Ode 17. du l. 1.

> Velox amœnum ſæpè Lucrétilem
>
> Mutat Lycæo Faunus.

C'eſt-à-dire , que Faune prend ſouvent en échange le Lucrétile pour le Lycée , il vient ſouvent habiter le Lucrétile auprès de la maison de campagne d'Horace , & quite pour cela le Lycée ſa demeure ordinaire. Tel eſt le ſens d'Horace , *come la ſuite de l'ode le donc néceſſairement à entendre.* Ce ſont les paroles du P. Sanadon , qui trouve dans cette façon de parler * *une vraie hypallage ou un renverſement de conſtruction.*

Tom. 1. p. 579.

* Voyez les remarques du P. Sanadon , à l'ocaſion de *Lucána mutet páscuis.* vers 28. de l'Ode *Ibis liburnis.* Poéſies d'Horace , tom. I. page 175.

Mais il me paroit que c'est juger du latin par le françois, que de trouver une hypallage dans ces paroles d'Horace *Lucrétilem mutat Lyceo Faunus.* On comence par atacher à *mutáre* la même idée que nous atachons à notre verbe *changer ; doner ce qu'on a pour ce qu'on n'a pas,* ensuite sans avoir égard à la phrase latine, on traduit, *Faune change le Lucrétile pour le Lycée :* & come cette expression signifie en françois que Faune passe du Lucrétile au Lycée, & non du Lycée au Lucrétile, ce qui est pourtant ce qu'on sait bien qu'Horace a voulu dire, on est obligé de recourir à l'hypallage pour sauver le contre-sens que le françois seul présente : mais le renversement de construction ne doit jamais renverser le sens, come je viens de le remarquer ; c'est la phrase même, & non la suite du discours, qui doit faire entendre la pensée, si ce n'est dans toute son étendue, c'est au moins dans ce qu'elle présente d'abord à l'esprit de ceux qui savent la langue.

Jugeons donc du latin par le latin même, & nous ne trouverons ici ni contre-sens ni hypallage, nous ne verrons qu'une phrase latine fort ordinaire en prose & en vers.

On dit en latin *donáre múnera alicui,* doner

des préfens à quelqu'un , & l'on dit auffi *donáre áliquem múnere* , gratifier quelqu'un d'un
préfent , lui faire un préfent : on dit également *circúmdare urbem mœnibus* , & *circúmdare
mœnia urbi* ; de mème , on fe fert de *mutáre*
foit pour doner , foit pour prendre une chofe
au lieu d'une autre.

Mart. Lex.
v. *muto.* *Muto* , difent les Etimologiftes , vient de
motu : *mutáre* quafi *motáre*. L'anciène manière
d'aquérir ce qu'on n'avoit pas fe fefoit par
des échanges , delà *muto* fignifie également
acheter ou *vendre* , *prendre* ou *doner* quelque chofe au lieu d'une autre , *emo* aut *vendo* , dit Mar-
tinius , & il cite Columelle qui a dit *porcus
láɛleus ære mutándus eft* , il faut acheter un co-
chon de lait.

Ainfi, *mutat Lucrétilem* fignifie vient prendre,
vient poffédor , vient habiter le Lucrétile , il
achète , pour ainfi dire , le Lucrétile par le
Lycée.

M. Dacier fur ce paffage d'Horace remarque qu'*Horace parle fouvent de même , & je
fai bien* , ajoute-t-il , *que quelques biftoriens l'ont
imité.*

Lorsqu'Ovide fait dire à Médée qu'elle
voudroit avoir acheté Jafon pour toutes les
richeffes de l'univers , il fe fert de *mutáre* :

Quemque ego cum rebus quas totus póffidet orbis
Æfóniden mutáffe velim.

Met. l. VII.
v. 59.

Où vous voyez que come Horace, Ovide
emploie *mutáre* dans le fens d'*aquérir ce qu'on n'a
pas, de prendre, d'acheter une chofe en en donant une
autre.* Le P. Sanadon remarque qu'Horace
s'eft fouvent fervi de *mutáre* en ce fens, *mutávit
lúgubre fagum púnico,* * pour *púnicum fagum lú-
gubri : mutet lucána cálabris páfcuis,* ** pour
cálabra páfcua lucánis : mutaï uvam ftrígili, ***
pour *ftrígilim uvâ.*

Tom. II.
p. 175.

L'ufage de *mutáre áliquid áliquâ re* dans le
fens de *prendre en échange,* eft trop fréquent
pour être autre chofe qu'une phrafe latine ;
come *donáre áliquem áliquâ re,* gratifier quelqu'un de quelque chofe ; & *circúmdare mœnia
urbi,* doner des murailles à une vile tout au-
tour, c'eft-à-dire, entourer une vile de murailles : l'hypallage ne fe met pas ainfi à tous
les jours.

* L. v. Od. IX.
** L. v. Od. I.
*** L. II. Sat. VII. v. 110.

❖❖❖❖❖❖❖❖❖❖❖❖❖❖❖❖❖❖❖❖❖❖❖❖

XVIII.

L'ONOMATOPÉE.

Ονοματο-ποιΐα, Nóminis feu vocábuli fíctio : formation d'un mot.

L'Onomatopée est une figure par laquelle un mot imite le son naturel de ce qu'il signifie. On réduit sous cette figure les mots formés par imitation du son ; come le *glou-glou de la bouteille : le cliquetis*, c'est-à-dire, le bruit que font les boucliers, les épées, & les autres armes en se choquant : *Le trictrac* qu'on apeloit autrefois *tictac* ; sorte de jeu assez comun, ainsi nomé du bruit que font les dames & les dés dont on se sert à ce jeu : *Tinnitus æris*, tintement ; c'est le son clair & aigu des métaux. *Billíre, billit ámphora*, la petite bouteille fait glou-glou, on le dit d'une petite bouteille dont le goulot est étroit. *Taratán-tara*, c'est le bruit de la trompète.

At tuba terríbili sónitu taratántara dixit.

C'est un ancien vers d'Ennius au raport de Servius. Virgile en a changé le dernier hémistiche, qu'il n'a pas trouvé assez digne de la poésie épique ; voyez Servius sur ce vers de Virgile :

'At tuba terríbilem fónitum procul ære canóro
Incrépuit.

Æn. l. ix.
v. 503.

Cachinnus, c'eſt un rire immodéré. *Cachinno,
ónis*, ſe dit d'un home qui rit ſans retenue : ces deux mots ſont formés du ſon ou bruit que l'on entend quand quelqu'un rit avec éclat.

Il y a auſſi pluſieurs mots qui expriment le cri des animaux, come *bêler* qui ſe dit des brebis.

Baubári, aboyer, ſe dit des gros chiens. *Latráre*, aboyer, hurler, c'eſt le mot générique. *Mutire*, parler entre les dents, murmurer, gronder come les chiens : *mu* canum eſt, undè *mutire*, dit Chariſius.

Lucr. l. 5.
v. 1071.

Les noms de pluſieurs animaux ſont tirés de leurs cris, ſurtout dans les langues originales.

Upupa, Hupe, oiſeau.

Cúculus, qu'on prononçoit *coucoulous*, un Coucou, oiſeau.

Hirúndo, une Hirondèle.

Ulula, Chouète.

Bubo, Hibou.

Grácculus, un Choucas, eſpèce de Corneille.

Gallina, une Poule.

* N iiij

Cette figure n'eſt point un trope, puisque le mot ſe prend dans le ſens propre : mais j'ai cru qu'il n'étoit pas inutile de la remarquer ici.

X X.

Qu'un mème mot peut être doublement figuré.

IL eſt à obſerver que ſouvent un mot eſt doublement figuré ; c'eſt-à-dire, qu'en un certain ſens il apartient à un certain trope & qu'en un autre ſens il peut être rangé ſous un autre trope. On peut avoir fait cette remarque dans quelques exemples que j'ai dèja raportés. Quand Virgile dit de Bitias que *plena ſe próluit auro*, *auro* ſe prend d'abord pour la coupe, c'eſt une ſynecdoque de la matière pour la choſe qui en eſt faite, enſuite la coupe ſe prend pour la liqueur qui étoit contenue dans cette coupe : c'eſt une métonymie du contenant pour le contenu.

Nota, marque, ſigne, ſe dit en général de tout ce qui ſert à faire conoître ou remarquer quelque choſe : mais lorsque *nota*, [*note*] ſe prend pour *dédecus*, marque d'infamie, tache dans la réputation, come quand on dit

Æn. l. 1. v. 743.

d'un militaire , *il s'eſt enfui en une telle ocaſion*, *c'eſt une note*, il y a une métaphore & une ſynecdoque dans cette façon de parler.

Il y a métaphore , puiſque cette *note* n'eſt pas une marque rééle , ou un ſigne ſenſible , qui ſoit ſur la perſone dont on parle; ce n'eſt que par comparaiſon qu'on ſe ſert de ce mot , on done à *note* un ſens ſpirituel & métaphorique.

Il y a ſynecdoque , puiſque *note* eſt reſtraint à la ſignification particulière de *tache* , dédecus.

Lorſque pour dire qu'il faut faire pénitence & réprimer ſes paſſions , on dit *qu'il faut mortifier la chair*; c'eſt une expreſſion figurée qui peut ſe raporter à la ſynecdoque & à la métaphore. *Chair* ne ſe prend point alors dans le ſens propre , ni dans toute ſon étendue; il ſe prend pour le corps humain , & ſurtout pour les paſſions , les ſens; ainſi c'eſt une ſynecdoque; mais *mortiſer* eſt un terme métaphorique , on veut dire qu'il faut éloigner de nous toutes les délieſſes ſenſibles ; qu'il faut punir notre corps , le ſevrer de ce qui le flate , afin d'afoiblir l'apétit charnel , la convoitiſe , les paſſions , les ſoumettre à l'eſprit , & pour ainſi dire, les faire mourir.

Le changement d'état par lequel un citoyen romain perdoit la liberté, ou aloit
en éxil, ou changeoit de famille, s'apeloit
cápitis minútio, diminution de tête : c'eſt encore une expreſſion métaphorique qui peut
auſſi être raportée à la ſynecdoque. Je crois
qu'en ces ocaſions, on peut s'épargner la peine d'une exactitude trop recherchée, & qu'il
ſufit de remarquer que l'expreſſion eſt figurée, & la ranger ſous l'eſpèce de trope auquel
elle a le plus de raport.

X X.

De la ſubordination des Tropes, ou du rang
qu'ils doivent tenir les uns à l'égard des au-
tres, & de leurs caractères particuliers.

Q Uintilien dit * que les Grammairiens
auſſi-bien que les Philoſophes diſputent
beaucoup entre eux pour ſavoir combien il y
a de diférentes claſſes de tropes, combien
chaque claſſe renferme d'eſpèces particuliè-

---

* Circa quem [tropum] inexplicábilis, & Grammáticis
inter ipſos, & Philóſophis pugna eſt. Quæ ſint génera,
quæ ſpécies, quis númerus, quis cui ſubjiciátur. *Quint.*
Inſt. Orat. l. VIII. c. 6.

res, & enfin quel est l'ordre qu'on doit garder entre ces classes & ces espèces.

Vossius soutient qu'il n'y a que quatre tropes principaux, qui sont la Métaphore, la
Métonymie, la Synecdoque & l'Ironie, les
autres, à ce qu'il prétend, se raportent à ceux-
là come les espèces aux genres ; mais toutes
ces discutions sont assez inutiles dans la pratique, & il ne faut point s'amuser à des recherches qui souvent n'ont aucun objet certain.

Toutes les fois qu'il y a de la diférence dans
le raport naturel qui done lieu à la signification empruntée, on peut dire que l'expression qui est fondée sur ce raport apartient à un trope particulier.

C'est le raport de ressemblance qui est le
fondement de la catachrèse & de la métaphore ; on dit au propre *une feuille d'arbre*,
& par catachrèse *une feuille de papier*, parce
qu'une feuille de papier est à peu près aussi
mince qu'une feuille d'arbre. La catachrèse
est la première espèce de métaphore. On a
recours à la catachrèse par nécessité, quand
on ne trouve point de mot propre pour exprimer ce qu'on veut dire. Les autres espèces
de métaphores se font par d'autres mouve-

mens de l'imagination qui ont toujours la reſſemblance pour fondement.

L'ironie au contraire eſt fondée ſur un raport d'opoſition, de contrariété, de diférence, &, pour ainſi dire, ſur le contraſte qu'il y a, ou que nous imaginons entre un objet & un autre ; c'eſt ainſi que Boileau a dit, *Quinault eſt un Virgile.*

La métonymie & la ſynecdoque auſſi-bien que les figures qui ne ſont que des eſpèces de l'une ou de l'autre, ſont fondées ſur quelque autre ſorte de raport qui n'eſt ni un raport de reſſemblance, ni un raport du contraire. Tel eſt, par exemple, le raport de la cauſe à l'éfet, ainſi dans la métonymie & dans la ſynecdoque les objets ne ſont conſidérés ni come ſemblables, ni come contraires, on les regarde ſeulement come aïant entr'eux quelque rélation, quelque liaiſon, quelque ſorte d'union; mais il y a cette diférence, que, dans la métonymie, l'union n'empèche pas qu'une choſe ne ſubſiſte indépendanment d'une autre ; au lieu que, dans la ſynecdoque, les objets dont l'un eſt dit pour l'autre, ont une liaiſon plus dépendante, come nous l'avons dèja remarqué, l'un eſt compris ſous le nom de l'autre, ils forment un enſemble, un tout ; par exemple, quand je dis de quelqu'un, qu'*il a lu Cicéron*, *Horace*, *Virgile*, au lieu de dire, *les ouvrages de Cicéron*, &c : je prens la cause pour l'éfet, c'est le raport qu'il y a entre un auteur & son livre, qui est le fondement de cette façon de parler : voilà une rélation, mais le livre subsiste sans son auteur & ne forme pas un tout avec lui ; au lieu que, lorsque je dis *cent voiles* pour *cent vaisseaux*, je prens la partie pour le tout, les voiles sont nécessaires à un vaisseau : il en est de même quand je dis qu'*on a payé tant par tête*, la tête est une partie essentièle à l'home. Enfin dans la synecdoque il y a plus d'union & de dépendance entre les objets dont le nom de l'un se met pour le nom de l'autre, qu'il n'y en a dans la métonymie.

L'allusion se sert de toutes les sortes de rélations, peu lui importe que les termes conviènent ou ne conviènent pas entre eux, pourvu que par la liaison qu'il y a entre les idées accessoires, ils réveillent celle qu'on a eu dessein de réveiller. Les circonstances qui acompagnent le sens litéral des mots dont on se sert dans l'allusion nous font conoitre que ce sens litéral n'est pas celui qu'on a eu dessein d'exciter dans notre es-

prit, & nous dévoilent facilement le sens figuré qu'on a voulu nous faire entendre.

L'euphémisme est une espèce d'allusion,
avec cette diférence qu'on cherche à éviter
les mots qui pouroient exciter quelque idée
triste, dure, ou contraire à la bienséance.

Enfin chaque espèce de trope a son caractère
propre qui le distingue d'un autre, come il a
été facile de le remarquer par les observations
qui ont été faites sur chaque trope en particulier. Les persones qui trouveront ces observations ou trop abstraites, ou peu utiles
dans la pratique, pouront se contenter de
bien sentir par les exemples la diférence
qu'il y a d'un trope à un autre. Les exemples les méneront insensiblement aux observations.

XXII.

I. COme les figures ne font que des manières de parler qui ont un caractère particulier auquel on a doné un nom ; que d'ailleurs chaque forte de figure peut être variée en plufieurs manières diférentes , il eft évident que fi l'on vient à obferver chacune de ces manières & à leur doner des noms particuliers , on en fera autant de figures. Delà les noms de *miméfis* , *apóphafis* , *catáphafis* , *afteifmus* , *myEterismus* , *charientismus* , *diafyrmus* , *farcasmus* , & autres pareils qu'on ne trouve guère que dans les ouvrages de ceux qui les ont imaginés.

Les expreffions figurées qui ont doné lieu à ces fortes de noms peuvent aifément être réduites fous quelqu'une des claffes de tropes dont j'ai dèja parlé : *Le farcasme* , par exemple , n'eft autre chose qu'une ironie faite avec aigreur & avec emportement. * On trouve

* Eft autem farcásmus hoftilis irrifio . . . cum quis morfis labris fubsánnat álium . . . irrífio quæ fiat diductis labris , oftensáque déntium carne. *Vóffius,* Inft. Orat. l. IV. c. 13. De Sarcasmo.

* N

l'infini partout : mais quand une fois on eſt
parvenu au point de diviſion où ce qu'on di-
viſe n'eſt plus palpable, c'eſt perdre ſon tems
& ſa peine que de s'amuſer à diviſer.

I I. Les auteurs donent quelquefois des
noms diférens à la mème eſpèce d'expreſſion
figurée, je veux dire, que l'un apèle *hypal-*
lage ce qu'un autre nome *métonymie* : les noms
de ces ſortes de figures étant arbitraires &
quelques uns aïant beaucoup de raport à d'autres ſelon leur étimologie, il n'eſt pas éto-
nant qu'on les ait ſouvent confondus. Aristote done le nom de métaphore à la plupart
des tropes qui ont aujourdui des noms particuliers. *Ariſtóteles iſta ómnia tranſlatiónes vocat.*
Cicéron remarque auſſi que les Rhéteurs
noment *hypallage* la mème figure que les
Grammairiens apèlent *métonymie.* * Aujour-
d'hui que ces dénominations ſont plus dé-
terminées, on doit ſe conformer ſur ce point
à l'uſage ordinaire des Grammairiens & des
Rhéteurs. Un de nos Poètes a dit :

Leurs cris rempliſſent l'air de leurs tendres ſouhaits.

Selon la conſtruction ordinaire on diroit

Cic. Orat.
n. 94. *áli-*
ter XXVII.

---

* Hanc hypállagen Rhétores, quia quaſi ſummutántur
verba pro verbis; metonymiam Grammatici vocant, quòd
nómina transférúntur. *Cicero*, Orátor. n. 93. *áliter* XXVII.

plutot que ce font les fouhaits qui font pouffer des cris qui retentiffent dans les airs. L'auteur du Dictionaire Néologique done à cette expreffion le nom de *métathèfe* : les façons de parler femblables qu'on trouve dans les anciens font apelées des hypallages : le mot de *métathèfe* n'eft guère d'ufage que lorfqu'il s'agit d'une tranfpofition de lettres. *

M. Gibert nous fournit encore un bel exemple de cette variété dans les dénominations des figures, il apèle *métaphore* † ce que

* Μεταθεσις, mutátio, feu transpofítio líterae, ut *Evandrt* pro *Evander*; *Tymbre* pro *Tymber*. *Ifidor*. liv. 1. c. 34.

Metáthefis, (apud Rhétores) eft figúra quae mittit ánimos júdicum in res praetéritas aut futúras, hoc modo : *Revocáte mentes ad fpectáculum expugnáta mífera civitátis*, &c : in futúrum autem, eft anticipátio eórum quae dictúrus eft adverfárius. *Idem* l. 2. c. 21.

† M. Gibert a fuivi en ce point la divifion d'Ariftote, il ne s'eft écarté de ce philofophe que dans les exemples. Voici les paroles d'Ariftote dans fa Poétique, c. xx1. & felon M. Dacier c. xx11. Je me fervirai de la traduction de M. Dacier.

» La métaphore, dit Ariftote, eft un transport d'un nom
» qu'on tire de fa fignification ordinaire. Il y a quatre fortes
» de métaphores : celle du genre à l'efpèce, celle de l'efpèce
» au genre, celle de l'efpèce à l'efpèce, & celle qui eft fon-
» dée fur l'analogie. J'apèle métaphore du genre à l'efpèce
» come ce vers d'Homère : *Mon vaiffeau s'eft arété loin*
» *de la vile dans le port*. Car le mot *s'arêter* eft un ter-
» me générique, & il l'a apliqué à l'efpèce pour dire *être*
» *dans le port*.

Voici la remarque que M. Dacier fait enfuite fur ces paroles d'Ariftote : » Quelques anciens, dit-il, ont condáné

Rhetor. pag. 555.

Quintilien * & les autres noment *antonomase.*
» Il y a, dit M. Gibert , quatre espèces de
» métaphores ; la première emprunte le nom
» du genre pour le doner à l'espèce, come
» quand on dit l'*Orateur* pour *Cicéron,* ou *le Phi-*
» *losophe* pour *Aristote* : « Ce sont là cependant
les exemples ordinaires que les Rhéteurs donent de l'antonomase : mais, après tout, le
nom ne fait rien à la chose ; le principal est
de remarquer que l'expression est figurée,
& en quoi elle est figurée.

» Aristote de ce qu'il a mis sous le nom de *métaphore* les
» deux premières qui ne font proprement que des *synecdo-*
» *ques* ; mais Aristote parle en général, & il écrivoit dans un
» tems où l'on n'avoit pas encore rafiné sur les figures pour
» les distinguer & pour leur doner à chacune le nom qui
» en auroit mieux expliqué la nature. *Dacier,* Poëtique
» d'Aristote , page 545.

* Ἀντωνομασία , quæ áliquid pro nómine ponit, poétis fre-
quentíssima . . . Oratóribus étiam si rarus ejus rei, non nullus tamen usus est : nam ut Tydíden & Pelíden non díxe-
rint , ità dixérunt eversórem Carthág inis & Numántiæ pro
Scipióne ; & románæ eloquéntiæ principem pro Ciceróne
posuísse non dúbitent. *Quintil.* Inst. Orat. l. VIII. c. 6.

XXIII.

Que l'usage & l'abus des Tropes font de tous les tems & de toutes les langues.

UNe mème caufe dans les mèmes cir-conftances produit des éfets femblables. Dans tous les tems & dans tous les lieux où il y a eu des homes, il y a eu de l'imagination, des paffions, des idées acceffoires, & par conféquent des tropes.

Il y a eu des tropes dans la langue des Caldéens, dans celle des Egyptiens, dans celle des Grecs & dans celle des Latins : on en fait ufage aujourdui parmi les peuples même les plus barbares, parce qu'en un mot ces peuples font des homes, ils ont de l'imagination & des idées acceffoires.

Il eft vrai que telle expreffion figurée en particulier n'a pas été en ufage partout ; mais partout il y a eu des expreffions figurées. Quoique la nature foit uniforme dans le fonds des chofes, il y a une variété infinie dans l'exécution, dans l'aplication, dans les circonftances, dans les manières.

Ainſi nous nous ſervons de tropes, non
parce que les anciens s'en ſont ſervis; mais
parce que nous ſomes homes come eux.

Il eſt dificile en parlant & en écrivant, d'a-
porter toujours l'atention & le diſcernement
néceſſaires pour rejeter les idées acceſſoires
qui ne convièuent point au ſujet, aux cir-
conſtances, & aux idées principales que l'on
met en œuvre : delà il eſt arivé dans tous les
tems, que les écrivains ſe ſont quelquefois ſervis d'expreſſions figurées qui ne doivent pas
être priſes pour modèle.

Les règles ne doivent point être faites ſur
l'ouvrage d'aucun particulier, elles doivent
être puiſées dans le bon ſens & dans la nature : & alors quiconque s'en éloigne ne doit
point être imité en ce point. Si l'on veut
former le gout des jeunes gens, on doit leur
faire remarquer les défauts, auſſi bien que
les beautés des auteurs qu'on leur fait lire. Il
eſt plus facile d'admirer, j'en conviens; mais
une critique ſage, éclairée, exemte de paſſion & de fanatisme eſt bien plus utile.

Ainſi l'on peut dire que chaque ſiècle a
pu avoir ſes critiques & ſon *Dictionaire Néolo-*
gique. Si quelques perſones diſent aujourdui

avec raifon ou fans fondement, qu'*il règne* *dans le langage une afectation puérile : que le ftile fri-* *vole & recherché paffe jufqu'aux tribunaux les plus* graves, Cicéron a fait la même plainte de fon tems. *Eft enim quoddam étiam infígne & flo-* *rens orationis, piltum, & expólitum genus, in quo* *omnes verbórum, omnes fententiárum illigántur lepó-* *res. Hoc totum è fophiftárum fóntibus defluxit in fo-* *rum, &c.*

> » Au plus beau fiècle de Rome, c'eft-à-
> » dire, au fiècle de Jules César & d'Augufte,
> » un auteur a dit *infantes flátuas*, pour dire des
> » ftatues nouvèlement faites : un autre, que
> » Jupiter *crachoit* la nège fur les Alpes.

Júpiter hibérnas canâ nive cónfpuit Alpes.

Horace fe moque de l'un & de l'autre de ces auteurs ; mais il n'a pas été exemt lui même des fautes qu'il a reprochées à fes con-temporains. *Il ne refte à la plupart des co-*mentateurs *d'autre liberté que pour louer, pour ad-*mirer, *pour adorer* ; mais ceux qui font ufage de leurs lumières & qui ne fe conduifent point par *une prévention aveugle, defaprouvent certains* *vers lyriques dont la cadence n'eft point affez châtiée.* Ce font les termes du P. Sanadon, *J'ai rélevé*

Diltion. Néologi-que.

Orat. n.96, áliter XXVII.

Le P. Sana-don, Poés. d'Hor. T. II. page 254.

L. 2. Sat. 5. v. 49.

Le P. Sana-don, Préf. page XIX.

id. page XX.

ibid,

en plusieurs endroits, poursuit-il, *des pensées, des sentimens, des tours & des expressions, qui m'ont paru répréhensibles.*

Quintilien après avoir repris dans les anciens quelques métaphores défectueuses, dit que ceux qui sont instruits du bon & du mauvais usage des figures, ne trouveront que trop d'exemples à reprendre. *Quorum exémpla nimiùm frequénter reprehéndet, qui scíverit hæc vitia esse.*

Au reste les fautes qui regardent les mots, ne sont pas celles que l'on doit remarquer avec le plus de soin : il est bien plus utile d'observer celles qui péchent contre la conduite, contre la justesse du raisonement, contre la probité, la droiture & les bones mœurs. Il seroit à souhaiter que les exemples de ces dernieres sortes de fautes fussent moins rares, ou plutot qu'ils fussent inconus.

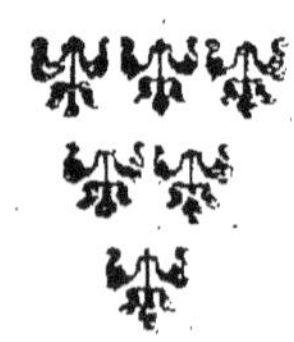

DES TROPES

TROISIEME PARTIE.

Des autres sens dans lesquels un même mot peut être employé dans le discours.

Outre les tropes dont nous venons de parler & dont les Grammairiens & les Rhéteurs traitent ordinairement, il y a encore d'autres sens dans lesquels les mots peuvent être employés, & ces sens sont la plupart autant d'autres diférentes sortes de tropes : il me paroit qu'il est très utile de les conoitre pour mettre de l'ordre dans les pensées, pour rendre raison du discours & pour bien entendre les auteurs. C'est ce qui va faire la matière de cette troisième partie.

I.

Substantifs pris adjectivement, Adjectifs pris substantivement, Substantifs & Adjectifs pris adverbialement.

Un nom substantif se prend quelquefois adjectivement, c'est-à-dire, dans le sens d'un atribut ; par exemple : *Un pére est tou-*

jours pére , cela veut dire qu'un pére eft toujours tendre pour fes enfans , & que malgré
leurs mauvais procédés, il a toujours des fentimens de pére à leur égard;alors ces fubftantifs fe conftruifent come de véritables adjectifs. » Dieu eft notre reffource, notre lumière,
» notre vie , notre foutien, notre tout. L'ho-
» me n'eft qu'un néant. Etes - vous Prince ?
» Etes-vous Roi ? Etes-vous Avocat ? « Alors
Prince , *Roi* , *Avocat* , font adjectifs.

Cette remarque fert à décider la queftion
que font les Grammairiens , favoir fi ces
mots *Roi* , *Reine* , *Pére* , *Mére* , &c , font fubftantifs ou adjectifs ? ils font l'un & l'autre fuivant l'ufage qu'on en fait. Quand ils font
le fujet de la propofition,ils font pris fubftan-
tivement ; quand ils font l'atribut de la propofition,ils font pris adjectivement. Quand je
dis *le Roi aime le peuple; la Reine a de la piété* :
Roi , *Reine* , font des fubftantifs qui marquent
un tel Roi & une telle Reine en particulier;
ou , come parlent les Philofophes , ces mots
marquent alors un individu qui eft Roi:
mais quand je dis que *Louis quinze eft Roi* , *Roi*
eft pris alors adjectivement ; je dis de Louis
qu'il eft revêtu de la puiffance royale.

Il y a quelques noms fubftantifs latins qui
font

font quelquefois pris adjectivement, par métonymie, par synecdoque ou par antonomase. *Scelus*, crime, se dit d'un scélérat, d'un home qui est, pour ainsi dire, le crime même : *Scelus, quemnam hic laudat ?* * Le scélérat de qui parle-t-il? *Ubi illic est scelus qui me perdidit?* ** Où est ce scélérat qui m'a perdu? où vous voyez que *scelus* se construit avec *illic* qui est un masculin; car selon les anciens Grammairiens on disoit autrefois *illic, illac, illuc*, au lieu de *ille, illa, illud* : la construction se fait alors selon le sens, c'est-à-dire, par raport à la persone dont on parle; & non selon le mot qui est neutre.

Carcer, prison, se dit aussi par métonymie, de celui qui mérite la prison. *Aïn' tandem, carcer ?* Que dis-tu malheureux ? C'est peut être dans le mème sens qu'Enée, dans Virgile, parlant des Grecs à l'ocasion de la fourberie de Sinon, dit *& crimine ab uno disce omnes.* Ce que nous ne saurions rendre en françois en conservant le mème tour, *un seul fourbe, une seule de leurs fourberies, vous fera conoitre le caractère de tous les Grecs.* Térence a dit *unum cognôris, omnes nôris.*

Noxa, æ, est un substantif, qui dans le sens propre signifie faute, peine, domage : de *nocére.* Il est dit dans les Instituts de Justinien

O

Marginal notes:

* Ter. And. act. 5. sc. 2. v. 3.
** ibid. act. 3. sc. 5 v. 1.

Ter. Phorm act. 2. sc. 3. v. 26.

Æn. 2. v. 65.

Phorm. act. 2. sc. 1. v. 35.

que ce mot fe prend auſſi pour l'eſclave même qui a fait le domage. Noxa *autem eſt ipſum*
corpus quod nócuit, id eſt ſervus (nóxius.) Ce mot
n'eſt pourtant pas d'un uſage ordinaire en ce
fens dans la langue latine.

Un adjectif ſe prend auſſi quelquefois ſub-
ſtantivement ; c'eſt-à-dire, qu'un mot qui eſt
ordinairement atribut, eſt quelquefois ſujet
dans une propoſition ; ce qui ne peut ariver
que parce qu'il y a alors quelqu'autre nom
fous-entendu qui eſt dans l'eſprit ; par exemple : *le vrai perſuade* , c'eſt-à-dire, ce qui eſt
vrai, l'être vrai, ou la vérité : *Le tout puiſſant*
vangera les foibles qu'on oprime , c'eſt-à-dire,
Dieu, qui eſt tout puiſſánt, vangera les homes
foibles.

Nous avons vu dans les préliminaires de
la ſyntaxe, que l'adverbe eſt un mot qui renferme la prépoſition & le nom qui la déter-
mine. La prépoſition marque une circonstance générale, qui eſt enſuite déterminée par
le nom qui ſuit la prépoſition ſelon l'ordre
des idées : or l'adverbe renfermant la prépoſition & le nom , il marque une circonſtance
particulière du ſujet, ou de l'atribut de la
propoſition : *ſapienter*, avec ſageſſe , avec jugement ; *ſæpè*, ſouvent, en pluſieurs ocaſions ;

Inſtit. l. 4.
Tit. 8. §.1.

ubi, où, en quel lieu, en quel endroit ; *ibi*, là, en cet endroit là.

Il y a quelques noms substantifs qui sont pris adverbialement, c'est-à-dire qu'ils n'entrent dans une proposition que pour marquer une circonstance du sujet ou de l'atribut, en vertu de quelque préposition sous-entendue ; par exemple : *domi*, à la maison, au lieu de la demeure. *Videt núptias domi apparári*, elle voit qu'on se prépare chez nous à la noce ; *domi* marque la circonstance du lieu où l'on se préparoit à la noce : on sous-entend, *in ædibus domi*, dans les apartemens de la maison, de la demeure ; ou bien *in áliquo loco domi*. Plaute a exprimé *ædes* ; *omnes domi per ædes*, de chambre en chambre, d'apartement en apartement.

Quand *domi* est oposé à *belli* ou *militiæ* on sous-entend *in rebus* ; Cicéron l'a exprimé, *quibuscumque rebus vel belli, vel domi* ; alors *domi* se prend pour *la patrie, la vile*, & selon notre manière de parler pour *la paix, le tems de la paix*. Nous avons parlé ailleurs de ces sortes d'ellipses.

Oppidò se prend aussi adverbialement, come nous l'avons remarqué plus haut. Quand on fait une fois la raison des terminaisons de ces

O ij

fortes de mots, on peut fe contenter de dire
que ce font des fubftantifs pris adverbialement.

Les adjectifs fe prènent auffi fort fouvent
adverbialement, come je l'ai remarqué en
parlant des adverbes ; par exemple: *parler haut,
parler bas, parler grec & latin,* græcè & latinè
loqui : *penfer jufte, fentir bon, fentir mauvais,
marcher vite, voir clair, fraper fort,* &c.

Ces adjectifs font alors au neutre, & c'eft une
imitation des Latins: *Transvérfa tuéntibus hircis;
hircis tuéntibus ad negótia transvérfa. Recens* eft très
ufité dans les bons auteurs, au lieu de *recénter*
qui ne fe trouve que dans les auteurs de la mo-
yène latinité: *Sole recens orto: Púerum recens natum
reperire.* ✶ Dans ces ocafions il faut fous-entendre la prépofition *ad,* ou *juxta,* ou *in; juxta
recens negótium,* ou *tempus* come nous difons, *à
la françoife, à la mode, à la renverfe, à l'improvifte,
à la traverfe,* &c. Horace a dit *ad plenum* pour
plenè, pleinement, abondament, à plein:
manábit ad plenum. On trouve auffi *in* pour *ad;
lætus in præfens ánimus : Jactis in altum mólibus.* ✶✶

Exit in imménfum fœcúnda licéntia vatum. ✶✶✶

Ainfi quand Salufte a dit *mons imménsùm éditus,*†
il faut fous-entendre *in;* & avec ces adjectifs on
fous-entend un mot générique, *negótium, fpá-
tium, tempus, ævum,* &c.

II.

Sens determiné, Sens indeterminé.

CHaque mot a une certaine fignification dans le discours ; autrement il ne fignifieroit rien : mais ce fens, quoique déterminé, ne marque pas toujours précisément un tel individu, un tel particulier ; ainfi on apèle *fens indéterminé*, ou *indéfini*, celui qui marque une idée vague, une pensée générale, qu'on ne fait point tomber fur un objet particulier ; par exemple : *on croit*, *on dit* ; ces termes ne défignent perfone en particulier qui croie ou qui dife : c'eft le fens indéterminé, c'eft-à-dire, que ces mots ne marquent point un tel particulier de qui l'on dise qu'*il croit*, ou qu'*il dit*.

Au contraire, le fens déterminé tombe fur un objet particulier ; il défigne une ou plufieurs persones, une ou plufieurs chofes, come, *les Cartéfiens croient que les animaux font des machines : Cicéron dit dans fes Offices, que la bone foi eft le lien de la fociété.* L. 2. n. 84. aliter xxiv.

On peut raporter ici le *fens étendu* & le *fens étroit*. Il y a bien des propofitions qui font vraies dans un fens étendu, *latè*, & fauffes lors-

O iij

que les mots en sont pris à la rigueur, *strictè:*
nous en donerons des exemples en parlant
du sens litéral.

III.

SENS ACTIF, SENS PASSIF, SENS NEUTRE.

A Ctif vient de *ágere,* pousser, agir, faire.
Un mot est pris dans un sens actif,
quand il marque que l'objet qu'il exprime,
ou dont il est dit, fait une action, ou qu'il a
un sentiment, une sensation.

Il faut remarquer qu'il y a des actions &
des sentimens qui passent sur un objet qui en
est le terme. Les Philosophes apèlent *patient,*
ce qui reçoit l'action d'un autre ; ce qui est le
terme ou l'objet du sentiment d'un autre. Ainsi *patient* ne veut pas dire ici celui qui ressent de
la douleur ; mais ce qui est le terme d'une
action ou d'un sentiment. *Pierre bat Paul ; bat*
est pris dans un sens actif, puisqu'il marque
une action que je dis que Pierre fait, & cette
action a Paul pour objet ou pour patient.
Le Roi aime le peuple ; aime est aussi dans un
sens actif, & *le peuple* est le terme ou l'objet
de ce sentiment.

Un mot est pris dans un sens passif, quand

il marque que le sujet de la proposition,
ou ce dont on parle est le terme ou le patient de l'action d'un autre : *Paul est batu par
Pierre ; batu* est un terme passif : je juge de
Paul qu'il est le terme de l'action de batre.

Je ne suis point batant, de peur d'être batu.

Molière
cocu imag.
sc. XVII.

Batant est actif, & *batu* est passif.

Il y a des mots qui marquent de simples
propriétés ou manières d'être, de simples si-
tuations, & même des actions, mais qui
n'ont point de patient ou d'objet qui en soit
le terme ; c'est ce qu'on apèle le *sens neutre*.
Neutre veut dire *ni l'un ni l'autre*, c'est-à-dire,
ni actif ni passif. Un verbe qui ne marque ni
une action qui ait un patient, ni une passion,
c'est-à-dire, qui ne marque pas que l'objet
dont on parle soit le terme d'une action, ce
verbe, dis-je, n'est ni actif ni passif ; & par
conséquent il est apelé *neutre*.

Amáre, aimer, chérir ; *diligere*, avoir de l'a-
mitié, de l'afection, font des verbes actifs.
Amári, être aimé, être chéri ; *diligi*, être celui pour qui l'on a de l'amitié, font des verbes passifs : mais *sedére*, être assis, est un verbe
neutre ; *ardére*, être alumé ; être ardent, est
aussi un verbe neutre.

O iiij

Souvent les verbes actifs se prènent dans un sens neutre, & quelquefois les verbes neutres se prènent dans un sens actif: *écrire une lettre* est un sens actif; mais quand on demande, *Que fait Monsieur?* & qu'on répond, *il écrit, il dort, il chante, il danse;* tous ces verbes là sont pris alors dans un sens neutre. Quand Virgile dit que Turnus entra dans un emportement que rien ne put apaiser, *implacábilis ardet; ardet* est alors un verbe neutre : Mais quand le mème Poète, pour dire que Coridon aimoit Alexis éperdument, se sert de cette expression, *Coridon ardébat Aléxin,* alors *ardébat* est pris dans un sens actif, quoiqu'on puisse dire aussi *ardébat* κατὰ *Aléxin,* bruloit pour Alexis.

Requiéscere, se reposer, être oisif, être en repos, est un verbe neutre. Virgile l'a pris dans un sens actif lorsqu'il a dit:

Et mutáta suos requiérunt flúmina cursus :

Les fleuves changés, c'est-à-dire, contre leur usage, contre leur nature, arêtèrent le cours de leurs eaux, *retinuérunt suos cursus.*

Simon dans l'Andriène rapèle à Sosie les bienfaits dont il l'a comblé : » Me remettre » ainsi vos bienfaits devant les yeux, lui dit

» Sofie, c'eſt me reprocher que je les ai ou-
bliés. *Iſtæc commemorátio, quaſi exprobrátio eſt immémoris beneficii.* Les interprètes d'acord entre eux pour le fonds de la penſée, ne le ſont
pas pour le ſens d'*immémoris* : ſe doit-il prendre dans un ſens actif, ou dans un ſens paſſif? Madame Dacier dit que ce mot peut être
expliqué des deux manières: *exprobrátio mei immémoris*, & alors *immémoris* eſt actif; ou bien,
exprobrátio beneficii immémoris, le reproche d'un
bienfait oublié ; & alors *immémoris* eſt paſſif.
Selon cette explication, quand *immemor* veut
dire *celui qui oublie*, il eſt pris dans un ſens
actif; au lieu que quand il ſignifie *ce qui eſt
oublié*, il eſt dans un ſens paſſif, du moins
par raport à notre manière de traduire.

Mais ne pouroit-on pas ajouter qu'en latin
immemor veut dire ſouvent *qui n'eſt pas demeuré
dans la mémoire?* Tacite a dit *immemor beneficium;*
un bienfait qui n'eſt pas demeuré dans la mémoire, ou ſelon notre manière de parler, un
bienfait oublié. Horace * a dit *memor nota*,
une marque qui dure long-tems , qui fait reſ-
ſouvenir. Virgile ** a dit dans le mème ſens
memor ira, une colère qui demeure long-tems
dans le cœur, ainſi *immémoris* feroit dans un
ſens neutre en latin.

Ter. And.
act. 1. ſc. 1.
v. 17.

* Horace, l.
1. Od. 13.

** Æn. l. 1.
v. 4.

Que fait Monsieur? Il joue: jouer est pris alors dans un sens neutre: mais quand on dit, *il joue gros jeu*; *il joue* est pris dans un sens actif, & *gros jeu* est le régime de *il joue*.

Danser est un verbe neutre; mais *danser une courante, danser un menuet*; *danser* est alors un verbe actif.

Les Latins ont fait le même usage de *saltáre* qui répond à *danser*. Saluste a dit de Sempronia qu'elle savoit mieux chanter & danser qu'une honète femme ne doit le savoir, *Psállere & saltáre elegántius, quam necésse est probæ*: (supple) *docta erat* κατὰ *psállere & saltáre*: *saltáre* est pris alors dans un sens neutre: mais lorsqu'Horace a dit *Saltáre Cyclópa*, danser le Cyclope; *saltáre* est pris alors dans un sens actif.

» Les Grecs & les Latins, dit Monsieur Da- » cier, ont dit *danser le Cyclope, danser Glaucus,* » *danser Ganimède, Léda, Europe*, &c, c'est-à-dire, représenter en dansant les avantures du Cyclope, de Glaucus, &c.

Le même poète a dit † *Fúfius ébrius Ilionam edórmit*, le comédien Fufius en représentant Ilione endormie, s'endort lui-même come un home ivre qui cuve son vin. Térence a dit * *edormiscam hoc villi*, je cuverai mon vin: & Plaute, ** *edormiscam hanc crápulam*, & dans

Sallust. Catil.

Hor.l.1 Sat. 5. v. 63.

Remarq. im ibid.

† Hor.l.2. Sat.3.v.61.

*Ter. Adelph. act. 5. sc.2.v.11.

** Plaut. Rud. act.2. sc.7.v.28.

dans l'Amphitrion il a dit * *edormiscat unum*   *id. Amph.
somnum*, come nous disons *dormir un somme*.   act. 2. sc. 2.
Vous voyez que dans ces exemples *edormire* &   v. 65.
edormiscere se prènent dans un sens actif.

Cette remarque sert à expliquer ces façons de parler *itur, favétur,* &c, ces verbes neutres se prènent alors en latin dans un sens passif, & marquent que l'action qu'ils signifient est faite ; *iter itur*, l'action d'aler se fait. Voyez ce que nous en avons dit dans la syntaxe : l'action que le verbe signifie sert alors de nominatif au verbe même, selon la remarque des anciens Grammairiens. **

✕✕✕✕✕✕✕✕✕✕✕✕✕✕✕✕✕✕✕✕✕✕✕✕✕✕✕✕✕

IV.

SENS ABSOLU, SENS RELATIF.

UN mot est pris dans un sens absolu, lorsqu'il exprime une chose considérée en elle même sans aucun raport à une autre.

** Ut *cúrritur à me*, pro *curro*; vel *statur à te*, pro *stas:* *sedétur ab illo*, pro *sedet ille* : in eis potest ipsa res intélligi voce passíva ; ut *cúrritur cursus, bellátur bellum.* **Prisciánus**, lib. xvii. c. de Pronóminum constructióne.

*Et **Vossius** s'exprime en ces termes*, verba accusatívum habent suæ oríginis vel cognátæ significatióni : prióris géneris apud Teréntium est *lúdere ludum. Eun.* act. 3. sc. 5. v. 39. Apud Marónem *fúrere furórem. Æn.* l. 12. v. 680. Donátus Archaísmum vocat, mallem Atticísmum dixisset . . . . . . quia sic locútos constat, non eos modò qui désita & obsoléta amant, sed óptimos quoque óptimi ævi scriptóres. &c. **Vossius** de Constructióne, pag. 409.

Abfolu vient d'*abfolútus*, qui veut dire ache-
vé, acompli, qui ne demande rien davantage ; par exemple, quand je dis que *le foleil eft
lumineux*, cette expreffion eft dans un fens abfolu ; celui à qui je parle n'atend rien de plus,
par raport au fens de cette phrafe.

Mais fi je difois que *le foleil eft plus grand que
la terre*, alors je confidérerois le foleil par raport à la terre, ce feroit un fens rélatif ou refpeĉtif. Le fens rélatif ou refpeĉtif eft donc
lorfqu'on parle d'une chofe par raport à quelqu'autre : c'eft pour cela que ce fens s'apèle
auffi *refpeĉtif*, du latin *refpicere*, regarder ; parce que la chofe dont on parle, en regarde,
pour ainfi dire, une autre ; elle en rapèle l'i-
dée, elle y a du raport, elle s'y raporte ; delà
vient *rélatif*, de *reférre* raporter. Il y a des mots
rélatifs, tels que *pére*, *fils*, *époux*, &c ; nous
en avons parlé ailleurs.

V.

SENS COLLECTIF, SENS DISTRIBUTIF.

COllectif vient du latin *colligere*, qui veut
dire *recueillir*, *affembler*. *Diftributif* vient de
diftribúere, qui veut dire *diftribuer*, *partager*.

La femme aime à parler : cela est vrai en parlant des femmes en général ; ainsi le mot de *femme* est pris là dans un sens collectif ; mais la proposition est fausse dans le sens distributif, c'est-à-dire, que cela n'est point vrai, de chaque femme en particulier.

L'home est sujet à la mort ; cela est vrai dans le sens collectif, & dans le sens distributif.

Au lieu de dire *le sens collectif & le sens distributif*, on dit aussi *le sens général & le sens particulier*.

Il y a des mots qui sont collectifs, c'est-à-dire, dont l'idée représente un tout en tant que composé de parties actuèlement séparées, & qui forment autant d'unités ou d'individus particuliers : tels sont *armée*, *république*, *régiment*.

VI.

SENS EQUIVOQUE, SENS LOUCHE.

IL y a des mots & des propositions équivoques. Un mot est équivoque, lorsqu'il signifie des choses diférentes : come *chœur*, assemblée de plusieurs persones qui chantent ; *cœur*, partie intérieure des animaux : *autel*, table sur quoi l'on fait des sacrifices aux Dieux ; *hôtel*, grande maifon. Ces mots font équivoques, du moins dans la prononciation. *Lion* , nom d'un animal ; *Lion*, nom d'une conftellation, d'un figne célefte ; *Lion* , nom d'une vile. *Coin*, forte de fruit ; *coin* , angle, endroit ; *coin*, inftrument avec quoi l'on marque les monoies & les médailles ; *coin* , inftrument qui fert à fendre du bois : *coin* eft encore un terme de manège , &c.

De quelle langue voulez-vous vous fervir avec moi ? dit le docteur Pancrace , parlant à Sganarèle : *de la langue que j'ai dans ma bouche,* répond Sganarèle : où vous voyez que par *langue* l'un entend *langage* , *idiome* ; & l'autre entend , come il le dit, la langue que nous avons dans la bouche.

Dans la fuite d'un raisonement, on doit toujours prendre un mot dans le mème fens qu'on l'a pris d'abord ; autrement on ne raifoneroit pas jufte ; parce que ce feroit ne dire qu'une mème chofe de deux chofes diférentes : car , quoique les termes équivoques fe reflemblent quant au fon, ils fignifient pourtant des idées diférentes ; ce qui eft vrai de l'une n'eft donc pas toujours vrai de l'autre.

Une propofition eft équivoque, quand le fujet ou l'atribut préfente deux fens à l'efprit ;

ou quand il y a quelque terme qui peut ſe raporter ou à ce qui précède, ou à ce qui ſuit: c'eſt ce qu'il faut éviter avec ſoin, afin de s'acoutumer à des idées préciſes.

Il y a des mots qui ont une conſtruction louche, c'eſt lorsqu'un mot paroit d'abord ſe raporter à ce qui précède & que cependant il ſe raporte à ce qui ſuit : par exemple, dans cette chanson ſi conue, d'un de nos meilleurs opéra,

> Tu ſais charmer,
> Tu ſais desarmer,
> Le Dieu de la guerre ;
> Le Dieu du tonerre
> Se laiſſe enflamer.

Le Dieu du tonerre paroit d'abord être le terme de l'action de *charmer* & de *desarmer*, auſſi-bien que *le Dieu de la guerre* : cependant, quand on continue à lire, on voit aiſément que *le Dieu du tonerre* eſt le nominatif ou le ſujet de *ſe laiſſe enflamer.*

Toute conſtruction ambiguë, qui peut ſignifier deux choſes en mème tems, ou avoir deux raports diférens, eſt apelée *équivoque*, ou *louche*. *Louche* eſt une ſorte d'équivoque, ſouvent facile à démêler. *Louche* eſt ici un terme

métaphorique : car come les perſones louches paroiſſent regarder d'un côté pendant
qu'elles regardent d'un autre , de même dans
les conſtructions louches, les mots ſemblent
avoir un certain raport, pendant qu'ils en
ont un autre ; mais quand on ne voit pas
aiſément quel raport on doit leur doner , on
dit alors qu'une propoſition eſt équivoque ,
plutot que de dire ſimplement qu'elle eſt louche.

Les pronoms de la troiſième perſone font
ſouvent des ſens équivoques ou louches, ſurtout quand ils ne ſe raportent pas au ſujet de
la propoſition : Je pourois en raporter un
grand nombre d'exemples de nos meilleurs
auteurs , je me contenterai de celui-ci :

Table gé-
néalogique
des Rois de
France de
la maiſon
de Bour-
bon.

» François I. érigea Vendôme en Duché-
» Pairie en faveur de Charles de Bourbon ; &
» *il* le mena avec lui à la conquête du duché
» de Milan, où *il* ſe comporta vaillament.
» Quand ce Prince eut été pris à Pavie , *il* ne
» voulut pas accepter la régence qu'on lui
» proposoit : *il* fut déclaré chef du conseil, *il*
» continua de travailler pour la liberté du
» Roi ; & quand *il* fut délivré, *il* continua à
» le bien ſervir.

Il n'y a que ceux qui ſont dèja au fait de
l'hiſtoire

l'hiſtoire qui puiſſent démêler les divers raports de *ce Prince* & de tous ces *il.* Je crois,qu'en
ces ocaſions il vaut mieux répéter le mot,que
de ſe ſervir d'un pronom dont le raport n'eſt
aperçu que par ceux qui ſavent dèja ce qu'ils
liſent. On évitoit faciiement ces ſens louches
en latin, par les usages diférens de *ſuus, ejus,*
hic, ille, is, iſte.

Quelquefois, pour abréger, on ſe contente
de faire une propoſition de deux membres,
dont l'un eſt négatif & l'autre afirmatif, &
on les joint par une conjonction : cette ſorte
de conſtruction n'eſt pas régulière, & fait
ſouvent des équivoques; par exemple :

L'amour n'eſt qu'un plaiſir, & l'honeur un devoir.

L'Académie * a remarqué que *Corneille* devoit dire :

L'amour n'eſt qu'un plaiſir, l'honeur eſt un devoir.

En éfet, ces mots *n'eſt que,* du premier membre,
marquent une négation, ainſi ils ne peuvent
pas ſe conſtruire encore avec *un devoir,* qui
eſt dans un ſens afirmatif au ſecond membre;
autrement il ſembleroit que *Corneille,*contre
ſon intention, eut voulu mépriſer également l'amour & l'honeur.

On ne ſauroit aporter trop d'atention pour

Prem. édit
du Cid. act.
111. ſc. 6.
* Sentimens
de l'Acadé-
mie ſur le
Cid.

* P

éviter tous ces défauts : on ne doit écrire que pour se faire entendre ; la nèteté & la préci-sion sont la fin & le fondement de l'art de parler & d'écrire.

VII.

DES JEUX DE MOTS ET DE LA PARONOMASE.

A L'ocasion des équivoques, je vais m'arê-ter un moment sur les jeux de mots : il y en a de deux sortes.

1. Il y a des jeux de mots qui ne consistent que dans une équivoque ou dans une allusion : j'en ai parlé dans l'allusion , & j'en ai doné des exemples. Les bons mots qui n'ont d'au-tre sel que celui qu'ils tirent d'une équivoque, ou d'une allusion fade & puérile, ne sont pas du gout des gens sensés , parce que ces mots là n'ont rien de vrai ni de solide.

2. Il y a des mots dont la signification est diférente, & dont le son est presque le même : ce raport qui se trouve entre le son des deux mots, fait une espèce de jeu, dont les Rhéteurs ont fait une figure qu'ils apèlent Paronomase; par exemple , *amantes sunt amentes* , les amans sont des insensés : le jeu qui est dans le latin ne se retrouve pas dans le françois.

Aux funérailles de Marguerite d'Autriche,

παρὰ, jux-tà : ὄνομα , nomen. An-nominátio, *jeu de mots.*

qui mourut en couche, on fit une devise dont le corps étoit une aurore qui aporte le jour au monde, avec ces paroles, *Dum pário, péreo*, je péris en donant le jour.

Pour marquer l'humilité d'un home de bien qui se cache en fesant de bones œuvres, on peint un ver à soie qui s'enferme dans sa coque; l'ame de cette devise est un jeu de mots; *operitur dum operátur*. Dans ces exemples & dans plusieurs autres pareils, le sens subsiste indépendament des mots.

J'obſerverai à cette ocasion deux autres figures qui ont du raport à celle dont nous venons de parler: l'une s'apèle *similiter cadens*; c'est quand les diférens membres ou incises d'une période finiſſent par des cas ou des tems dont la terminaison est semblable: l'autre s'apèle *similiter definens*, c'est lorsque les mots qui finiſſent les diférens membres ou incises d'une période ont la même terminaison, mais une terminaison qui n'est point une désinance de cas, de tems, ou de persone, comé quand on dit *fácere fórtiter, & vívere túrpiter*. Ces deux dernières figures sont proprement la même; on en trouve un grand nombre d'exemples dans S. Auguſtin. On doit éviter les jeux de mots qui sont vides de sens;

Entretiens
d'Ar. &
d'Eug. VI.
Entr.

mais quand le fens fubfifte indépendament du
jeu de mots, ils ne perdent rien de leur mérite.

✠✠✠✠✠✠✠✠✠✠ : ✠✠✠✠✠✠✠✠✠

VIII.

SENS COMPOSE', SENS DIVISE'.

Matt. c.xi.
v. 5.

QUand l'Evangile dit *les aveugles voient,
les boiteux marchent* ; cês termes *les aveugles*, *les boiteux*, fe prènent en cette ocafion dans le fens divifé, c'eft-à-dire, que ce
mot *aveugles* fe dit là de ceux qui étoient aveugles & qui ne le font plus ; ils font divifés,
pour ainfi dire, de leur aveuglement, car les
aveugles en tant qu'aveugles, ce qui feroit
le fens compofé, ne voient pas.

Matt. 26.
v. 6.

L'Evangile parle d'un certain *Simon* apelé
le lépreux, parce qu'il l'avoit été, c'eft le fens
divifé.

1.Cor. c. 6.
v. 9.

Ainfi, quand S. Paul a dit que les idolatres n'entreront pas dans le royaume des
cieux, il a parlé des idolatres dans le fens
compofé, c'eft-à-dire, de ceux qui demeu-
reront dans l'idolatrie. Les idolatres entant
qu'idolatres n'entreront pas dans le royaume
des cieux : c'eft le fens compofé ; mais les idolatres qui auront quité l'idolatrie & qui au-

ront fait pénitence, entreront dans le royaume des cieux : c'eft le fens divisé.

Apelles aïant exposé, felon fa coutume, un tableau à la critique du public, un cordonier cenfura la chauffure d'une figure de ce tableau : Apelles réforma ce que le cordonier avoit blâmé : mais le lendemain le cordonier aïant trouvé à redire à une jambe, Apelles lui dit qu'un cordonier ne devoit juger que de la chauffure ; d'où eft venu le proverbe *ne futor ultra crepidam.* fupple, *judicet.*

La récusation qu'Apelles fit de ce cordonier, étoit plus piquante que raifonable : un cordonier, en tant que cordonier, ne doit juger que de ce qui eft de fon métier ; mais, fi ce cordonier a d'autres lumières, il ne doit point être récusé, par cela feul qu'il eft cordonier : En tant que cordonier, ce qui eft le fens composé, il juge fi un foulier eft bien fait & bien peint ; & entant qu'il a des conoiffances fupérieures à fon métier, il eft juge compétant fur d'autres points ; il juge alors dans le fens divisé, par raport à fon métier de cordonier.

Ovide parlant du facrifice d'Iphigénie, dit que *l'intérêt public triompha de la tendreffe paternèle, le Roi vainquit le père* :

Ovid. Met.
l. XII. v. 29.

. . . . . Poſtquam pietátem pública cauſâ
Rexque patrem vicit.

Ces dernières paroles ſont dans un ſens diviſé : Agamemnon ſe regardant come Roi, étoufe les ſentimens qu'il reſſent come père.

Dans le ſens compoſé, un mot conſerve ſa ſignification à tous égards, & cette ſignification entre dans la compoſition du ſens de toute la phraſe ; au lieu que dans le ſens diviſé, ce n'eſt qu'en un certain ſens, & avec reſtriction, qu'un mot conſerve ſon anciène ſignification : *Les aveugles voient,* c'eſt-à-dire, ceux qui ont été aveugles.

IX.

SENS LITERAL, SENS SPIRITUEL.

Auguſt.
Gen. ad lit.
lib. 8. c. 2.
Tom. III.

LE *ſens litéral* eſt celui que les mots excitent d'abord dans l'eſprit de ceux qui entendent une langue ; c'eſt le ſens qui ſe préſente naturèlement à l'eſprit. Entendre une expreſſion litéralement, c'eſt la prendre au pié de la lettre. *Quæ dicta ſunt ſecúndum litteram accípere, id eſt, non áliter intelligere quàm*

littera sonat ; c'est le sens que les paroles signifient immédiatement , *is quem verba immediàtè
significant.*

Le sens spirituel , est celui que le sens litéral
renferme, il est enté , pour ainsi dire, sur le
sens litéral ; c'est celui que les choses signi-
fiées par le sens litéral font naitre dans l'esprit. Ainsi dans les paraboles , dans les fables , dans les allégories, il y a d'abord un
sens litéral : on dit, par exemple , qu'un
loup & un agneau vinrent boire à un mème
ruisseau : que le loup aïant cherché querèle
à l'agneau , il le dévora. Si vous vous ata-
chez simplement à la lettre , vous ne verrez
dans ces paroles qu'une simple avanture arivée
à deux animaux : mais cette narration a un autre objet ; on a dessein de vous faire voir que
les foibles font quelquefois oprimés par ceux
qui font plus puissans ; & voilà le sens spirituel , qui est toujours fondé sur le sens litéral.

Division du sens litéral.

Le sens litéral est donc de deux fortes.

1. Il y a un *sens litéral-rigoureux* ; c'est le sens
propre d'un mot , c'est la lettre prise à la rigueur , *strictè*.

2: La seconde espéce de sens litéral , c'est celui que les expreſſions figurées dont nous avons parlé préſentent naturèlement à l'esprit de ceux qui entendent bien une langue , c'est un *ſens litéral-figuré* ; par exemple, quand on dit d'un politique qu'*il sème à propos la diviſion entre ſes propres énemis*; *ſmer* ne ſe doit pas entendre à la rigueur ſelon le ſens propre, & de la mème manière qu'on dit *ſemer du blé*: mais ce mot ne laiſſe pas d'avoir un ſens litéral , qui eſt un ſens figuré qui ſe préſente naturèlement à l'eſprit. La lettre ne doit pas toujours être priſe à la rigueur, elle tue, dit S. Paul. On ne doit point exclure des termes toute ſignification métaphorique & figurée. Il faut bien ſe garder, dit S. Augustin, * de prendre à la lettre une façon de parler figurée,& c'eſt à cela qu'il faut apliquer ce paſſage de S. Paul, *la lettre tue & l'eſprit done la vie.*

Il faut s'atacher au ſens que les mots excitent naturèlement dans notre eſprit, quand nous ne ſomes point prévenus, & que nous

---

* In princípio cavéndum eſt ne figurátam locutiónem ad líteram accípias ; & ad hoc enim pértinet quod ait Apóstolus, *litera occidit, ſpiritus autem vivificat.* *Auguſt.* de Doctr. Chriſt. l. 3.c. 5. t. 111. Pariſiis 1685.

fomes dans l'état tranquile de la raifon : voilà le véritable fens litéral-figuré, c'est celui-là qu'il faut doner aux loix, aux canons, aux textes des coutumes, & même à l'Ecriture Sainte.

Quand J. C. a dit que *celui qui met la main à la charue , & qui regarde derrière lui , n'est point propre pour le Royaume de Dieu* ; on voit bien qu'il n'a pas voulu dire qu'un laboureur qui en travaillant tourne quelquefois la tête n'est pas propre pour le ciel : le vrai fens que ces paroles préfentent naturèlement à l'efprit , c'est que ceux qui ont comencé à mener une vie chrétiène,& à être les difciples de Jéfus-Chrift, ne doivent pas changer de conduite ni de doctrine , s'ils veulent être fauvés ; c'est donc là un fens litéral-figuré. Il en est de même de ces autres paffages de l'Evangile , où J. C. dit , * de préfenter la joue gauche à celui qui nous a frapés fur la droite, ** de s'aracher la main ou l'œil qui est un fujet de fcandale; il faut entendre ces paroles de la même manière qu'on entend toutes les expreffions métaphoriques & figurées : ce ne feroit pas leur doner leur véritable fens, que de les entendre felon le fens litéral pris à la rigueur ; elles doivent être entendues felon la feconde

Luc. c. 9.
v. 62.

* Matt. c. 5.
v. 39.
** ibid. v.
29. 30.

forte de fens litéral qui réduit toutes ces façons de parler figurées à leur jufte valeur,
c'eft-à-dire, au fens qu'elles avoient dans l'esprit de celui qui a parlé, & qu'elles excitent
dans l'efprit de ceux qui entendent la langue
où l'expreffion figurée eft autorifée par l'u-
fage. * » Lorfque nous donons au blé le nom
» de *Cérès*, dit Cicéron, & au vin le nom de
» *Bacchus*, nous nous fervons d'une façon de
» parler ufitée en notre langue, & persone
» n'eft affez dépourvu de fens pour prendre
» ces paroles à la rigueur de la lettre.

On fe fert dans toutes les nations policées
de certaines expreffions ou formules de politeffe, qui ne doivent point être prifes dans le
fens litéral-étroit. *J'ai l'honeur de... Je vous
baife les mains : Je fuis votre très-humble & très-
obéiffant ferviteur.* Cette dernière façon de parler, dont on fe fert pour finir les lettres, n'eft
jamais regardée que come une formule de
politeffe.

On dit de certaines persones, *c'eft un fou, c'eft
une fole* : ces paroles ne marquent pas toujours

* Cum fruges *Cérerem*, vinum *liberum* dícimus, génere nos quidem fermónis útimur ufitáto : fed ecquem tam
améntem effe putas qui &c. *Cic.* de Nat. Deor. l. 3. n. 41.
aliter xvi.

que la persone dont on parle ait perdu l'esprit au point qu'il ne reste plus qu'à l'enfermer ; on veut dire seulement que c'est une persone qui suit ses caprices, qui ne se prête pas aux réfléxions des autres, qu'elle n'est pas toujours maitresse de son imagination, que dans le tems qu'on lui parle elle est ocupée ailleurs, & qu'ainsi on ne sauroit avoir avec elle ce comerce réciproque de pensées & de sentimens, qui fait l'agrément de la conversation & le lien de la société. L'home sage est toujours en état de tout écouter, de tout entendre, & de profiter des avis qu'on lui done.

Dans l'ironie, les paroles ne se prènent point dans le sens litéral proprement dit ; elles se prènent selon le sens litéral - figuré, c'est-à-dire, selon ce que signifient les mots acompagnés du ton de la voix & de toutes les autres circonstances.

Il y a souvent dans le langage des homes un sens litéral qui est caché, & que les circonstances des choses découvrent : Ainsi il arive souvent que la même proposition a un tel sens dans la bouche ou dans les écrits d'un certain home, & qu'elle en a un autre dans les discours & dans les ouvrages d'un autre home : mais

il ne faut pas légérement doner des fens de-
favantageux aux paroles de ceux qui ne penfent pas en tout come nous; il faut que ces
fens cachés foient fi facilement develoPés par
les circonftances, qu'un home de bon fens
qui n'eft pas prévenu ne puiffe pas s'y mé-
prendre. Nos préventions nous rendent toujours injuftes,& nous font fouvent prêter aux
autres des fentimens qu'ils déteftent auffi fin-
cérement que nous les déteftons.

Au refte, je viens d'obferver que le fens litéral-figuré eft celui que les paroles excitent
naturèlement dans l'esprit de ceux qui entendent la langue où l'expreffion figurée eft autorifée par l'usage : ainfi pour bien entendre
le véritable fens litéral d'un auteur, il ne fu-
fit pas d'entendre les mots particuliers dont
il s'eft fervi, il faut encore bien entendre les
façons de parler ufitées dans la langue de cet
auteur; fans quoi, ou l'on n'entendra point
le paffage, ou l'on tombera dans des contre-
fens. En françois *doner parole* veut dire *pro-
mettre*; en latin *verba dare* fignifie *tromper* : *Pœnas
dare alicui* ne veut pas dire doner de la peine
à quelqu'un, lui faire de la peine; il veut dire
au contraire *être puni par quelqu'un*, lui doner
la fatisfaction qu'il exige de nous, lui doner

notre fuplice en paiement, come on paye une amende. Quand Properce dit à Cinthie, *dabis mihi pérfida pœnas*, il ne veut pas dire *perfide, vous m'alez caufer bien des tourmens*, il lui dit au contraire qu'il la fera repentir de fa perfidie. L. 2. Eleg. 5. v. 3.

Il n'eft pas poffible d'entendre le fens litéral de l'Ecriture Sainte, fi l'on n'a aucune conoiffance des hébraïfmes & des hellénifmes, c'eft-à-dire, des façons de parler de la langue hébraïque & de la langue grèque. Lorfque les interprètes traduifent à la rigueur de la lettre, ils rendent les mots & non le véritable fens : delà vient qu'il y a, par exemple, dans les Pfeaumes plufieurs verfets qui ne font pas intelligibles en latin. *Montes Dei* ne veut pas dire des *montagnes confacrées à Dieu*, mais de *hautes montagnes*. Pfal. 35. v. 7.

Dans le Nouveau Teftament même il y a plufieurs paffages qui ne fauroient être entendus, fans la conoiffance des idiotifmes, c'eft-à-dire, des façons de parler des auteurs originaux. Le mot hébreu qui répond au mot latin *verbum*, fe prend ordinairement en hébreu pour *chofe* fignifiée par la parole ; c'eft le mot générique qui répond à *negótium* ou *res* des Latins. *Transeámus ufque Béthleem, & videámus hoc verbum quod factum eft*: Paffons jufqu'à Bethléem Luc. c. 2. v. 15.

& voyons ce qui y eſt arivé. Ainſi lorsqu'au 3ᵉ. verſet du chapitre 8. du Déutéronome, il eſt dit (*Deus*) *dedit tibi cibum manna quod ignorá-bas tu & patres tui , ut oſténderet tibi quod non in ſolo pane vivat homo , ſed in omni verbo quod egré-ditur de ore Dei.* Vous voyez que *in omni verbo* ſignifie *in omni re* , c'eſt-à-dire, *de tout ce que Dieu dit,* ou *veut, qui ſerve de nouriture.* C'eſt dans ce mème ſens que Jéſus-Chriſt a cité ce paſ-ſage : Le démon lui propoſoit de changer les pierres en pain , il n'eſt pas néceſſaire de faire ce changement, répond Jéſus-Chriſt , *car l'ho-me ne vit pas ſeulement de pain , il ſe nourit encore de tout ce qu'il plait à Dieu de lui doner pour nouriture, de tout ce que Dieu dit qui ſervira de nouriture;* voilà le ſens litéral ; celui qu'on done comunément à ces paroles, n'eſt qu'un ſens moral.

Matt. c. 4.
v. 4.

Diviſion du ſens ſpirituel.

Le ſens ſpirituel eſt auſſi de pluſieurs ſor-tes. 1. Le *ſens moral,* 2. Le *ſens allégorique,* 3. Le *ſens anagogique.*

1. *Sens moral.*

Le *ſens moral* eſt une interprétation ſelon laquelle on tire quelque inſtruction pour les mœurs. On tire un sens moral des hiſtoires, des fables, &c. Il n'y a rien de ſi prophane dont on ne puiſſe tirer des moralités, ni rien de ſi férieux qu'on ne puiſſe tourner en burlesque. Telle eſt la liaiſon que les idées ont les unes avec les autres : le moindre raport réveille une idée de moralité dans un home dont le gout eſt tourné du côté de la morale ; & au contraire celui dont l'imagination aime le burlesque, trouve du burlesque partout.

Thomas Walleis, Jacobin Anglois, fit imprimer vers la fin du XV. ſiècle, à l'uſage des prédicateurs une explication morale des métamorphoſes d'Ovide. * Nous avons le Virgile traveſti de Scaron. Ovide n'avoit point penſé à la morale que Walleis lui prête ; & Virgile n'a jamais eu les idées burlesques que Scaron a trouvées dans ſon Enéïde. Il n'en eſt pas de même des fables morales; leurs auteurs mêmes nous en découvrent les moralités ; elles ſont tirées du texte come une conſéquence eſt tirée de ſon principe.

* Metamorphóſis Ovidiána moráliter à Magiſtro Thoma Walleis Anglico , de profeſſióne prædicatórum ſub S. Domínico explanáta. *Ce livre rare fut traduit en* 1484. v. le P. Echard, T. 1. p. 598. & M. Maittaire, Annales Typographiques T. 1. p. 176.

2. *Sens Allégorique.*

Le *sens allégorique* se tire d'un discours, qui, à le prendre dans son sens propre, signifie toute autre chose: c'est une histoire qui est l'image d'une autre histoire, ou de quelqu'autre pensée. Nous avons dèja parlé de l'allégorie.

L'esprit humain a bien de la peine à demeurer indéterminé sur les causes dont il voit, ou dont il ressent les éfets : ainsi lorsqu'il ne conoit pas les causes, il en imagine, & le voilà satisfait. Les Païens imaginèrent d'abord des causes frivoles de la plupart des éfets naturels : l'amour fut l'éfet d'une divinité particulière : Prométhée vola le feu du ciel : Cérès inventa le blé : Bacchus le vin, &c. Les recherches exactes sont trop pénibles, & ne sont pas à la portée de tout le monde. Quoiqu'il en soit, *le vulgaire superstitieux,* dit le P. Sanadon, * *fut la dupe des visionaires* qui inventèrent toutes ces fables.

** Poésies d'Hor. T. 1. P. 504.*

Dans la suite quand les Païens comencèrent à se policer & à faire des réflexions sur ces histoires fabuleuses, il se trouva parmi eux des mystiques qui en envelopèrent les absurdités sous le voile des allégories & des sens figurés,

figurés, ausquels les premiers auteurs de ces fables n'avoient jamais pensé.

Il y a des pièces allégoriques en profe & en vers : les auteurs de ces ouvrages ont prétendu qu'on leur donat un fens allégorique ; mais dans les hiftoires, & dans les autres ouvrages dans lesquels il ne paroit pas que l'auteur ait fongé à l'allégorie, il eft inutile d'y en chercher. Il faut que les hiftoires dont on tire enfuite des allégories aient été composées dans la vue de l'allégorie ; autrement les explications allégoriques qu'on leur done ne prouvent rien ; & ne font que des aplications arbitraires dont il eft libre à chacun de s'amuser come il lui plait, pourvu qu'on n'en tire pas des conféquences dangereufes.

Quelques auteurs * ont trouvé une image des révolutions arivées à la langue latine, dans la ftatue ** que Nabuchodonosor vit en fonge ; ils trouvent dans ce fonge une allégorie de ce qui devoit ariver à la langue latine.

Cette ftatue étoit extraordinairement grande ; la langue latine n'étoit-elle pas répandue presque par tout.

La tête de cette ftatue étoit d'or, c'eft le

* Indiculus hiftórico-chronoló-gicus.in Fabri Thefauro.
**Daniel 2. v. 31.

siècle d'or de la langue latine ; c'est le tems de Térence, de César, de Cicéron, de Virgile ; en un mot, c'est le siècle d'Auguste.

La poitrine & les bras de la statue étoient d'argent ; c'est le siècle d'argent de la langue latine; c'est depuis la mort d'Auguste jusqu'à la mort de l'Empereur Trajan, c'est-à-dire, jusqu'environ cent ans après Auguste.

Le ventre & les cuisses de la statue étoient d'airain ; c'est le siècle d'airain de la langue latine, qui comprend depuis la mort de Trajan jusqu'à la prise de Rome par les Gots, en 410.

Les jambes de la statue étoient de fer, & les piés partie de fer & partie de terre ; c'est le siècle de fer de la langue latine, pendant lequel les diférentes incursions des barbares plongèrent les homes dans une extrème ignorance ; à peine la langue latine se conserva-t-elle dans le langage de l'Eglise.

Enfin une pierre abatit la statue ; c'est la langue latine qui cessa d'être une langue vivante.

C'est ainsi qu'on raporte tout aux idées dont on est préocupé.

Les sens allégoriques ont été autrefois fort à la mode, & ils le font encore en Orient ;

on en trouvoit partout jufques dans les nombres. Métrodore de Lampsaque, au raport de Tatien, avoit tourné Homère tout entier en allégories. On aime mieux aujourd'hui la réalité du fens litéral.. Les explications myftiques de l'Ecriture Sainte, qui ne font point fixées par les Apotres, ni établies clairement par la révélation, font fujètes à des illufions qui mènent au fanatisme.

Huet. Origenianor. l. 2.quæft. 13, p. 171.
Traité du fens litéral & du fens myftique, felon la doctrine des Péres. A Paris, chez Jaques Vincent.

3. *Sens Anagogique.*

Le *fens anagogique* n'eft guère en ufage, que lorfqu'il s'agit des diférens fens de l'Ecriture Sainte. Ce mot *anagogique* vient du grec ἀναγωγὴ qui veut dire *élévation* : ἀνὰ, dans la compofition des mots, fignifie fouvent, *au deffus, en haut* & ἀγωγὴ veut dire *conduite* ; de ἄγω, *je conduis* : ainfi le fens anagogique de l'Ecriture Sainte eft un fens myftique, qui élève l'efprit aux objets céleftes & divins de la vie éternèle dont les Saints jouiffent dans le ciel.

Le *fens litéral* eft le fondement des autres fens de l'Ecriture Sainte. Si les explications qu'on en done ont raport aux mœurs, c'eft le fens moral.

Si les explications des paffages de l'ancien

Teſtament regardent l'Eglise & les myſtères de notre Religion par analogie ou reſſemblance, c'eſt le ſens allégorique ; ainſi le ſacrifice de l'agneau pascal, le ſerpent d'airain élevé dans le déſert, étoient autant de figures du ſacrifice de la croix.

Enfin, lorsque ces explications regardent l'Egliſe triomphante & la vie des bienheureux dans le ciel, c'eſt le ſens anagogique; c'eſt ainſi que le ſabat des Juifs eſt regardé come l'image du repos éternel des bienheureux. Ces diférens ſens, qui ne ſont point le ſens litéral, ni le ſens moral, s'apèlent auſſi en général *ſens tropologique*, c'eſt-à dire, *ſens figuré*. Mais come je l'ai dèja remarqué, il faut ſuivre dans le ſens allégorique & dans le ſens anagogique ce que la révélation nous en aprend ; & s'apliquer ſurtout à l'intelligence du ſens litéral, qui eſt la règle infaillible de ce que nous devons croire & pratiquer pour être ſauvés.

✕✕✕✕✕✕✕✕✕✕✕✕✕✕✕✕✕✕✕✕✕✕✕✕✕✕✕✕✕

X.

Du Sens adapte',

ou que l'on done par allusion.

Quelquefois on se sert des paroles de l'Ecriture Sainte ou de quelque auteur profane, pour en faire une aplication particulière qui convient au sujet dont on veut parler, mais qui n'est pas le sens naturel & litéral de l'auteur dont on les emprunte, c'est ce qu'on apèle *sensus accommodatitius*, sens adapté.

Dans les panégiriques des Saints & dans les oraisons funèbres, le texte du discours est pris ordinairement dans le sens dont nous parlons. M. Fléchier dans son oraison funèbre de M. de Turène, aplique à son héros ce qui est dit dans l'Ecriture à l'ocasion de Judas Macabée qui fut tué dans une bataille.

Le P. le Jeune de l'Oratoire, fameux missionaire, s'apeloit Jean ; il étoit devenu aveugle : il fut nomé pour prêcher le carême à Marseille aux Acoules : voici le texte de son premier sermon : *Fuit homo missus à Deo, cui nomen erat Joánnes ; non erat ille lux, sed ut testimónium perhibéret de lúmine.* On voit qu'il se-

Joann. c. 1.
v. 6.

Q iij

ſoit alluſion à ſon nom & à ſon aveuglement.

Remarques ſur quelques paſſages adaptés à contre-ſens.

Il y a quelques paſſages des auteurs profanes qūi ſont come paſſés en proverbes, &
ausquels on done comunément un ſens détourné qui n'eſt pas préciſément le mème
ſens que celui qu'ils ont dans l'auteur d'où
ils ſont tirés : en voici des exemples :

1. Quand on veut animer un jeune home
à faire parade de ce qu'il ſait, ou blamer un
ſavant de ce qu'il ſe tient dans l'obſcurité,
on lui dit ce vers de Perſe :

Perſ. Sat.1. N. 27.

Scire tuum nihil eſt, niſi te ſcire hoc ſciat alter?

Toute votre ſcience n'eſt rien, ſi les autres
ne ſavent pas combien vous êtes ſavant. La
penſée de Perſe eſt pourtant de blamer ceux
qui n'étudient que pour faire enſuite parade
de ce qu'ils ſavent. *O tems! ô mœurs! s'écrie-
t-il, eſt-ce donc pour la gloire que vous pâliſſez ſur
les livres! Quoi donc? croyez-vous que la ſcience
n'eſt rien, à moins que les autres ne ſachent que vous
êtes ſavant?*

En pallor, feniúmque : O mores ! ulque adeòne   Perf. Sat.1?
Scire tuum nihil eft , nifi te fcire hoc fciat alter ?   v. 27.

²Il y a une intérogation & une furprife dans le texte, & l'on cite le vers dans un fens abfolu.

2. On dit d'un home qui parle avec amphafe, d'un ftile ampoulé & recherché, que

Prójicit ampúllas & fesquipedália verba :   Hor. Art poet, v. 97.

il jète, il fait fortir de fa bouche des paroles enflées & des mots d'un pié & demi. Cependant ce vers a un fens tout contraire dans Horace. » La tragédie, dit ce poète, » ne s'exprime pas toujours d'un ftile pom- » peux & élevé : Télèphe & Pélée, tous deux » pauvres, tous deux chaffés de leurs pays, » ne doivent point recourir à des termes en- » flés , ni fe fervir de grands mots : il faut » qu'ils faffent parler leur douleur d'un ftile » fimple & naturel, s'ils veulent nous tou- » cher, & que nous nous intéreffions à leur » mauvaife fortune ; « ainfi *prójicit*, dans Horace, veut dire il rejète.

Et trágicus plerúmque dolet fermóne pedéftri   Hor. Art poet. v. 97.
Télephus & Peleus , cum pauper & exul utérque
Prójicit ampúllas & fesquipedália verba ,
Si curat cor fpeċiántis tetigiffe querélâ.

Q iiij

M. Boileau nous done le même précepte:

Art. poét.
chant 3.

Que devant Troie en flame , Hécube defolée
Ne viène pas pouffer une plainte ampoulée.

Cette remarque , qui fe trouve dans la plupart des comentateurs d'Horace , ne devoit point échaper aux auteurs des dictionaires fur le mot *projicere*.

3. Souvent pour excuser les fautes d'un habile home , on cite ce mot d'Horace :

Hor. Art
poét. v. 359

. . . Quandóque bonus dormítat Homérus ;

Come fi Horace avoit voulu dire que le bon Homère s'endort quelquefois. Mais *quandóque* eft là pour *quandocúnque*, toutes les fois que, & *bonus* eft pris en bone part. » Je fuis fâché, » dit Horace, toutes les fois que je m'aperçois » qu'Homère , cet excélent poète , s'endort, » fe néglige , ne fe foutient pas.

Indígnor quandóque bonus dormítat Homérus.

M. Danet s'eft trompé dans l'explication qu'il done de ce paffage dans fon dictionaire latin-françois fur ce mot *quandóque*.

4. Enfin pour s'excuser quand on eft tombé dans quelque faute, on cite ce vers de Térence :

Heaut. act.
1. fc. 1. v. 25.

Homo fum , humáni nihil à me aliénum puto,

Come fi Térence avoit voulu dire *je fuis ho-me*, *je ne fuis point exemt des foibleffes de l'humanité*, ce n'eft pas là le fens de Térence. Chrémès, touché de l'afliction où il voit Ménédème fon voifin, vient lui demander quelle peut être la caufe de fon chagrin & des peines qu'il fe done : Ménédème lui dit brusquement qu'il faut qu'il ait bien du loifir pour venir fe mêler des afaires d'autrui. » Je fuis home, » répond tranquilement Chrémès ; rien de » tout ce qui regarde les autres homes n'eft » étranger pour moi, je m'intéreffe à tout ce » qui regarde mon prochain.

» On doit s'étoner, dit Madame Dacier, » que ce vers ait été fi mal entendu, après » ce que Cicéron en a dit dans le premier livre » des Ofices.

Voici les paroles de Cicéron : *Eft enim diffi-cilis cura rerum alienárum, quanquam Terentiánus ille Chremes humáni nihil à fe aliénum putat.* J'a-jouterai un paffage de Sénèque, qui eft un comentaire encore plus clair de ces paroles de Térence. Sénèque, ce philofophe païen, explique dans une de fes lettres coment les homes doivent honorer la majefté des Dieux: il dit que *ce n'eft qu'en croyant en eux, en pra-tiquant de bones œuvres, & en tâchant de les*

1.Off. n.29.
aliter 1x.

imiter dans leurs perfections, qu'on peut leur ren-
dre un culte agréable ; il parle ensuite de ce
que les homes se doivent les uns aux autres.
» Nous devons tous nous regarder , dit-il,
» come étant les membres d'un grand corps;
» la nature nous a tous tirés de la même sour-
» ce, & par là nous a tous faits parens les
» uns des autres ; c'est elle qui a établi l'équi-
» té & la justice. Selon l'institution de la na-
» ture , on est plus à plaindre quand on nuit
» aux autres que quand on en reçoit du doma-
» ge. La nature nous a doné des mains pour
» nous aider les uns les autres ; ainsi ayons
» toujours dans la bouche & dans le cœur ce
» vers de Térence, *je suis home , rien de tout ce*
» *qui regarde les homes n'est étranger pour moi.* *

---

* Quómodo sint Dii coléndi solet præcipi . . . . Deum
colit qui novit . . . . . Primus est Deórum cultus, Deos
crédere , deinde réddere illis majestátem suam , réddere bo-
nitátem sine quâ nulla majéstas est : vis Deos propitiáre,
bonus esto. Satis illos cóluit quisquis imitátus est. Ecce ál-
tera quæstio , quómodo homínibus sit uténdum . . . .
possim bréviter hanc fórmulam humáni officii trádere . . .
. . . membra sumus córporis magni, natúra nos cognátos
édidit, cum ex iísdem & in éadem * gígneret. Hæc nobis
amórem indidit mútuum & sociábiles fecit ; illa æquum jus-
túmque compósuit : ex illíus constitutióne misérius est nocére quam lædi ; & illíus império parátæ sunt ad juvándum
manus. Iste versus & in péctore & in ore sit, *homo sum ,*
humáni nihil à me aliénum puto. Habeámus in commúne,
quod nati sumus. *Senec.* Ep. xcv. * officia.

Il eſt vrai en général que les citations &
les aplications doivent être juſtes autant qu'il
eſt poſſible ; puisqu'autrement elles ne prouvent rien , & ne ſervent qu'à montrer une
fauſſe érudition : mais il y auroit bien du ri-
gorisme à condâner tout ſens adapté.

Il y a bien de la diférence entre raporter
un paſſage come une autorité qui prouve,
ou ſimplement come des paroles conues, ausquelles on done un ſens nouveau qui convient au ſujet dont on veut parler : dans le
premier cas, il faut conſerver le ſens de l'auteur ; mais dans le ſecond cas , les paſſages,
ausquels on done un ſens diférent de celui
qu'ils ont dans leur auteur, ſont regardés come autant de parodies, & come une ſorte de
jeu dont il eſt ſouvent permis de faire uſage.

Suite du ſens adapté.

DE LA PARODIE ET DES CENTONS.

LA Parodie eſt auſſi une ſorte de ſens Athénée, l.
adapté. Ce mot eſt grec, car les Grecs 14. & 15.
ont fait des parodies.

Parodie * ſignifie à la lettre un chant

---

* Παρῳδία , cánticum. R. παρά , juxta, & ᾠδὴ , cantus, carmen. Cánticum vel carmen ad altérius ſimilitúdinem compó-

composé à l'imitation d'un autre, & par extenfion on done le nom de parodie à un ouvrage en vers, dans lequel on détourne dans un fens railleur des vers qu'un autre a faits dans une vue diférente. On a la liberté d'ajouter ou de retrancher ce qui eft néceffaire au deffein qu'on fe propofe ; mais on doit conferver autant de mots qu'il eft néceffaire pour rapeler le fouvenir de l'original dont on emprunte les paroles. L'idée de cet original & l'aplication qu'on en fait à un fujet d'un ordre moins férieux, forment dans l'imagination un contrafte qui la furprend, & c'eft en cela que confifte la plaifanterie de la parodie. Corneille a dit dans le ftile grave, parlant du pére de Chimène :

Le Cid. act. 1.fc. 1.   Ses rides fur fon front ont gravé fes exploits.

Racine a parodié ce vers dans les Plaideurs: l'Intimé parlant de fon pére qui étoit fergent, dit plaifament :

Les Plaid. act. 1. fc 5.   Il gagnoit en un jour plus qu'un autre en fix mois,
Ses rides fur fon front gravoient tous fes exploits.

fitum, cum altérius poétæ verfus jocófè in áliud arguméntum transferúntur.

Eft étiam paródia Hermógeni, cùm quis, ubi partem áliquam verfus prótulit, réliquum, à fe, id eft, de fuo, oratióne folútâ elóquitur. *Robertfon.* Th. ling. græc. v. παρῳδία.

Dans Corneille , *exploits* fignifie *actions mémo-rables , exploits militaires ;* & dans les Plaideurs *exploits* fe prend pour *les actes* ou *procédures* que font les fergens. On dit que le grand Corneil-le fut offenfé de cette plaifanterie du jeune Racine.

Au refte l'Académie a obfervé que *les rides marquent les années : mais ne gravent point les exploits.* Sentimens de l'Acad. Fr. fur les vers du Cid.

Les vers les plus conus font ceux qui font le plus expofés à la parodie. On trouve dans les dernières éditions des œuvres de Boileau une parodie ingénieufe de quelques fcènes du Cid. On peut voir auffi dans les poéfies de Mad. des Houlières une parodie d'une fcène de la mème tragédie. Le Théatre Italien eft riche en parodies. Le Poème du VICE PUNI eft rempli d'aplications heureufes de vers de nos meilleurs poètes : ces aplications font autant de parodies. Tom. 2. p. 411.édit.de 1726.

Des Houl. édit. de 1725. pag. 278.

Les Centons font encore une forte d'ou-vrage qui a raport au fens adapté. *Cento* en latin fignifie, dans le fens propre, une pièce de drap qui doit être coufue à quelqu'autre pièce, & plus fouvent un manteau ou un habit fait de diférentes pièces raportées : en-fuite on a doné ce nom,par métaphore, à un Κέντρον, cento, veftis è váriispan-nis confar-cináta. κεντέω , pungo.

ouvrage composé de plufieurs vers ou de plufieurs paffages empruntés d'un ou de plufieurs auteurs. On prend ordinairement la moitié d'un vers & on le lie par le fens avec la moitié d'un autre vers. † On peut employer un vers tout entier & la moitié du fuivant, mais on desaprouve qu'il y ait deux vers de fuite d'un mème auteur. Voici un exemple de cette forte d'ouvrage, tiré des centons de Proba Falconia. * Il s'agit de la défenfe que Dieu fit à Adam & à Eve de

† Váriis de locis, fenfibúsque divérfis, quædam cármi-nis ftrućtúra folidátur, in unum verfum, ut cóeant cæfi duo, aut unus & fequens cum médio, nam duos junćtìm locáre inéptum eft, & tres, unâ férie, meræ nugæ . . . . . fenfus divérfi ut cóngruant; adoptíva quæ funt, ut cognáta videántur; aliéna ne interlúceant; hiúlca ne páteant. *Aufónius* Paulo. Epift. *quæ prælégitur ante* Edyll. XIII.

* Probæ Falcóniæ vatis clariffimæ à S. Hierónymo comprobátæ centónes de Fídei noftræ myftériis, è Marónis carmínibus, &c. Parífiis, apud Ægidium Gorbínum 1576. f. 27. in 8. *Item* Parífiis, apud Francífcum Stéphanum. 1543.

Les centons de Proba Falconia fe trouvent auffi dans Bi-bliothéca Patrum, Tom. 5. Lugdúni 1677. *Voici ce qui eft dit de cette favante & pieufe Dame dans* l'Index Auctó-rum Bibl. Patr. Tom. 1. PROBA FALCONIA uxor non Adélphi Procónfulis, ut fcribit Ifidórus, fed Anicii Probi Præféćti Prætório, pófteà Cónfulis, mater Probíni, Olíbrii, & Probi, fimíliter Cónfulum. De quâ multa Hie-rónymus Epift. 8. & Barónius Tom. 4. & 5. Annálium. Scripfit Virgilio-centónes qui extant fol. 1218. Flóruit non fub Theodófio junióre, ut vult Sixtus Senénfis, fed fub Gratiáno.

manger du fruit défendu : Proba Falconia
fait parler le Seigneur en ces termes, au chapitre XVI.

Æ. 2. 712. Vos fámuli quæ dicam ánimis advértite veſtris:
  2.   21. Eſt in conſpectu * ramis felicibus arbor   G. 2. 81.
  7. 692. Quam neque fas igni cuiquam nec ſtérnere
             ferro
  7. 608. Relligióne ſacrâ * nunquam conceſſa movéri   Æ. 3. 700.
 11. 591. Hâc quicumque ſacros * decérpſerit árbore   6. 141.
             fetus
 11. 849. Morte luet méritâ , * *nec me* ſenténtia vertit   1. 241.
G. 2. 315. Nec tibi tam prudens quisquam perſuádeat
             autor
Ec. 8. 48. Commaculáre manus. * Líccat te voce monéri   3. 461.
G. 3. 216. Fémina, * *nullius te blanda ſuáſio vincat,*
G. 1. 168. Si te digna manet divíni glória ruris.

Nous avons auſſi les centons d'Etiène de
Pleurre * & de quelques autres. L'Empereur
Valentinien, au raport d'Ausone , s'étoit
auſſi amuſé à cette ſorte de jeu : mais il vaut
mieux s'ocuper à bien penſer , & à bien exprimer ce qu'on pense, qu'à perdre le tems à
un travail où l'esprit eſt toujours dans les en-
traves, où la pensée eſt ſubordonée aux mots,
au lieu que ce ſont les mots qu'il faut toujours ſubordoner aux pensées.

Auſon. Ep. ante Edyll. XIII.

  * Stéphani Pleurrei Æneis ſacra cóntinens acta Dómini
N. J. C. & primórum Mártyrum Virgílio-centónibus cons-
crípta. Pariſiis , apud Adriánum Taupinart , 1618. in 4°.

Ce n'étoit pas affez pour quelques écrivains, que la contrainte des centons, nous avons des ouvrages où l'auteur * s'eft interdit fucceffivement par chapitres & felon l'ordre de l'alphabet l'ufage d'une lettre, c'eft-à-dire, que dans le premier chapitre il n'y a point d'*a*, dans le fecond point de *b*, ainfi de fuite. Un autre ** a fait un poème dont tous les mots comencent par un *p*.

Plaúdite porcélli ; porcórum pigra propágo
Progréditur , plures porci pinguédine pleni
Pugnántes pergunt. Pécudum pars prodigiófa
Pertúrbat pede petrófas plerúmque platéas ;
Pars portentófè populórum prata profánat.

Dans le ix. fiècle Hubaud Religieux Bé-

* Liber abfque lítteris. De Ætátibus mundi & hóminis. Autóre Fábio, Claúdio, Gordiáno, Fulgéntio. *Edidit* P. Jacóbus Hommey Auguftiniánus. Pictávii. Proftat Parífiis apud Víduam Cároli Coignard , 1696. *Le titre du manufcrit promet* ab A ufque in Z. *mais l'Imprimeur n'a mis au jour que* xiv. *chapiires , c'eft à-dire , jufqu'à* l'O *inclufivement ; & il déclare que le copifte a égaré le refte.* Huc ufque codex , cujus fcriptor addit : ii decem de quibus fit méntio in título , néfcio ubi funt.

** Pugna Porcórum per P. Pórcium. *Ce poème eft compofé de* 248. *vers. Je l'ai vu dans un recueil qui a pour titre* Nugæ Venáles. *Moréri atribue ce poème à* Leo Placentius. V. P ʟ ᴀ ɪ s ᴀ ɴ ᴛ , *dans l'édition de Moréri de* 1718.

nédictin

nédictin de S. Amand , dédia à l'Empereur
Charles le Chauve un poème composé à
l'honeur des chauves , dont tous les mots
comencent par la lettre *c.*

Cármina , clarísonæ , calvis cantáte Camǽnæ.

* Un autre s'est mis dans une contrainte
encore plus grande , il a fait un poème de
2959. vers de six piés , dont le dernier seul
est un spondée , les cinq autres font autant
de dactiles. Le second pié rime avec le quatrième, & le dernier mot d'un vers rime avec
le dernier mot du vers qui le suit, à la manière de nos vers françois à rimes suivies : en
voici le comencement :

Hora noví*ssima*,témpora pés*sima* funt, vigilé*mus.*
Ecce mináci*ter* ímminet árb*iter* ille fupré*mus.*
Imminet, ím*minet* ut mala térm*inet,* æqua corón*et,*
Recta remún*eret* , ánxia líber*et* , æthera don*et :*
Aúferat ásper*a* , duráque pónd*era* mentis onú*sta ;*
Sóbria mún*iat* , ímproba pún*iat* , utráque ju*stè ,*
Ille pii*ssimus* , ille gravi*ssimus* eccè venit Rex.
Surgat homo reus, inftat homo Deus, à patre jud*ex.*

Les poèmes dont je viens de parler font au-

---

* Bernardi Morlanenfis , Mónachi órdinis Cluniacenfis ,
ad Petrum Cluniacenfem Abbátem qui cláruit anno 1140.
De Contemptu Mundi , libri tres. Ex vetéribus membránis
recens descripti. Bremæ , anno 1597.

R

jourd’hui au même rang que les acrostiches &
les anagrames. † Le gout de toutes ces sortes d’ouvrages, heureusement, est passé. Il y
a eu un tems où les ouvrages d’esprit tiroient
leur principal mérite de la peine qu’il y avoit
à les produire, & souvent la montagne étoit
récompensée de n’enfanter qu’une souris,
pourvu qu’elle eut été long-tems en travail.

† L’acrostiche est une sorte d’ouvrage en vers, dont chaque vers comence par chacune des lettres qui forment un
certain mot. A la tête de chaque comédie de Plaute, il y
a un argument fait en acrostiche : c’est le nom de la pièce
qui est le mot de l’acrostiche ; par exemple : *Amphitruo* :
le premier vers de l’argument comence par un *A*, le second
par un *M*, ainsi de suite. Ces argumens sont anciens, & Madame Dacier dans ses remarques sur celui de l’Amphitrion
fait entendre que Plaute en est l’auteur.

Cicéron nous aprend qu’Ennius avoit fait des acrostiches ; ἀκροστιχὶς *dicitur, cum deinceps ex primis vérsuum
litteris áliquid connéctitur, ut in quibusdam Enniánis.
Cic. de Divinatióne l. 2. n. III. áliter L I V.

S. Augustin, de Civ. Dei, l. XVIII. c. 23. parle d’un
acrostiche de la Sybile Erythrée, dont les lettres initiales
formoient ce sens, Ἰησοῦς Χριστὸς Θεοῦ Υἱὸς Σωτήρ.

Au reste acrostiche vient de deux mots grecs ἄκρος, sum-
mus, *qui est à une des extrémités* ; & στίχος, versus, ordo.
ἀκροστιχὶς, ἡ, & ἀκροστιχον, τὸ ; initium versus.

A l’égard de l’*anagrame* ce mot est encore grec : il est
composé de la préposition ἀνὰ, qui dans la composition des
mots répond souvent à *retrò*, ῥὲ ; & de γράμμα, lettre. L’a-
nagrame se fait lorsqu’en déplaçant les lettres d’un mot,
on en forme un autre mot, qui a une signification diférente ; par exemple, de *Loraine* on a fait *Alérion*.

Il ne paroît pas que les anagrames aient jamais été en
usage parmi les Latins.

Aujourd'hui *le tems* & la dificulté *ne font rien à l'afaire ;* on aime ce qui eſt vrai , ce qui ins-truit , ce qui éclaire , ce qui intéreſſe , ce qui a un objet raiſonable ; & l'on ne regarde plus les mots que come des ſignes ausquels on ne s'arête que pour aler droit à ce qu'ils ſignifient. La vie eſt ſi courte & il y a tant à aprendre à tout âge , que ſi l'on a le bonheur de pouvoir ſurmonter la pareſſe & l'indolen-ce naturèle de l'eſprit , on ne doit pas le met-tre à la torture ſur des riens , ni l'apliquer en pure perte.

Molière ;
Miſant. act.
1. ſc. 2.

XXXXXXXXXXXXXXXXXXXXXXXXXXXXXXXXXXXX

XI.

SENS ABSTRAIT, SENS CONCRET.

CE mot *abſtrait* vient du latin *abſtráctus* participe *d'abſtráhere*, qui veut dire *tirer, aracher, ſéparer de.*

Tout corps eſt réèlement étendu en lon-gueur , largeur & profondeur , mais ſouvent on penſe à la longueur ſans faire atention à la largeur ni à la profondeur, c'eſt ce qu'on apèle faire abſtraction de la largeur & de la profondeur ; c'eſt conſidérer la longueur dans un ſens abſtrait : c'eſt ainſi qu'en géo-

R ij

métrie on confidère le point, la ligne, le cercle, fans avoir égard ni à un tel point, ni à une telle ligne, ni à un tel cercle phyfique.

Ainfi en général le fens abftrait eft celui par lequel on s'ocupe d'une idée fans faire atention aux autres idées qui ont un raport naturel & néceffaire avec cette idée.

1. On peut confidérer le corps en général fans penfer à la figure ni à toutes les autres propriétés particulières du corps phyfique: C'eft confidérer le corps dans un fens abf-trait, c'eft confidérer la chofe fans le mode, come parlent les Philofophes, *res absque modo*.

2. On peut au contraire confidérer les pro-priétés des objets fans faire atention à au-cun fujet particulier auquel elles foient ata-chées, *modus absque re*. C'eft ainfi qu'on parle de la blancheur, du mouvement, du repos, fans faire aucune atention particulière à quelque objet blanc, ni à quelque corps qui foit en mouvement ou en repos.

L'idée dont on s'ocupe par abftraction, eft tirée, pour ainfi dire, des autres idées qui ont raport à celle-là, elle en eft come féparée, & c'eft pour cela qu'on l'apèle idée abftraite.

L'abftraction eft donc une forte de féparation qui fe fait par la penfée. Souvent on confidère un tout par parties, c'eſt une eſpèce d'abſtraction, c'eſt ainſi qu'en anatomie on fait des démonſtrations particulières de la tête, enſuite de la poitrine, &c. mais c'eſt plutot diviſer qu'abſtraire ; on apèle plus particulièrement *faire abſtraction*, lorsque l'on conſidère quelque propriété des objets ſans faire atention ni à l'objet, ni aux autres propriétés, ou lorsque l'on conſidère l'objet ſans les propriétés.

Le ſens concret au contraire, c'eſt lorsque l'on conſidère le ſujet uni au mode, ou le mode uni au ſujet ; c'eſt lorsque l'on regarde un ſujet tel qu'il eſt, & que l'on penſe que ce ſujet & ſa qualité ne font enſemble qu'une mème choſe, & forment un être particulier ; par exemple : *ce papier blanc*, *cette table quarrée*, *cette boite ronde* ; *blanc*, *quarée*, *ronde* ſont dits alors dans un ſens concret.

Ce mot *concret* vient du latin *concrétus*, participe de *concréscere* croitre enſemble, s'épaiſſir, ſe coaguler, être compoſé de ; en éfet, dans le ſens concret, les adjectifs ne forment qu'un tout avec leurs ſujets, on ne les ſépare point l'un de l'autre par la penſée.

Le concret renferme donc toujours deux idées, celle du ſujet, & celle de la propriété.

Tous les ſubſtantifs qui ſont pris adjectivement ſont alors des termes concrets, ainſi
quand on dit *Petrus eſt homo*; *homo* eſt alors un
terme concret, *Petrus eſt habens humanitátem.*

Obſervez qu'il y a de la diférence entre
faire abſtraction & ſe ſervir d'un terme abstrait. On peut ſe ſervir de mots qui expriment des objets réels & faire abſtraction,
come quand on examine quelque partie d'un
tout, ſans avoir égard aux autres parties:
on peut au contraire ſe ſervir de termes abs-
traits ſans faire abſtraction, come quand on
dit que la Fortune eſt aveugle.

Des termes abſtraits.

Dans le langage ordinaire *abſtrait* ſe prend
pour *ſubtil*, *métaphyſique*: *Ces idées ſont abſtraites,*
c'eſt-à-dire, qu'elles demandent de la méditation, qu'elles ne ſont pas aiſées à comprendre, qu'elles ne tombent point ſous les
ſens.

On dit auſſi d'un home qu'il eſt *abſtrait*
quand il ne s'ocupe que de ce qu'il a dans
l'eſprit ſans ſe prêter à ce qu'on lui dit. Mais
ce que j'entens ici par *termes abſtraits*, ce ſont
les mots qui ne marquent aucun objet qui
exiſte hors de notre imagination.

Que les homes penfent au foleil, ou qu'ils n'y penfent point, le foleil exifte, ainfi le mot de foleil n'eft point un terme abftrait.

Mais *beauté*, *laideur*, &c, font des termes abftraits. Il y a des objets qui nous plaifent & que nous trouvons *beaux*, il y en a d'autres au contraire qui nous afectent d'une manière desagréable, & que nous apelons *laids*; mais il n'y a aucun être réel qui foit la beauté ou la laideur. Il y a des homes, mais *l'humanité* n'eft point, c'eft-à-dire, qu'il n'y a point un être qui foit *l'humanité*.

Les abftractions ou idées abftraites fupofent les impreffions particulières des objets, & la méditation, c'eft-à-dire, les réfléxions que nous fesons naturèlement fur ces impreffions. C'eft à l'ocafion de ces impreffions que nous confidérons enfuite féparément, & indépendament des objets, les diférentes afections qu'elles ont fait naitre dans notre efprit, c'eft ce que nous apelons les propriétés des objets: Je ne confidérerois pas le mouvement en lui même, fi je n'avois jamais vu de corps en mouvement.

Nous fomes acoutumés à doner des noms particuliers aux objets réels & fenfibles, nous en donons auffi par imitation aux idées abstraites , come fi elles repréfentoient des êtres réels ; nous n'avons point de moyen plus facile pour nous comuniquer nos penfées.

Ce qui a furtout doné lieu aux idées abstraites , c'eft l'uniformité des impreffions qui ont été excitées dans notre cerveau par des objets diférens & pourtant femblables en un certain point : les homes ont inventé des mots particuliers pour exprimer cette reffemblance , cette uniformité d'impreffion dont ils fe font formé une idée abstraite. Les mots qui expriment ces idées nous fervent à abréger le discours , & à nous faire entendre avec plus de facilité ; par exemple, nous avons vu plufieurs objets blans , enfuite pour exprimer l'impreffion uniforme que ces diférens objets nous ont causée, & pour marquer *le point dans lequel ils fe reffemblent* , nous nous fervons du mot de *blancheur*.

Nous fomes acoutumés dès notre enfance à voir des corps qui paffent fucceffivement d'une place à une autre , enfuite pour exprimer cette propriété & la réduire à une forte d'idée générale , nous nous fervons du terme de *mouvement*. Ce que je veux dire s'entendra encore mieux par cet exemple.

Les noms que l'on done aux tropes ou

figures dont nous avons parlé, ne repréfen-
tent point des êtres réels; il n'y a point d'être,
point de fubftance, qui foit une métaphore,
ni une métonymie ; ce font les diférentes expreffions métaphoriques & les autres façons
de parler figurées qui ont doné lieu aux maitres de l'art d'inventer le terme de *métaphore*
& les autres noms des figures : par là ils réduifent à une efpèce, à une claffe particulière
les expreffions qui ont un tour pareil felon
lequel elles fe reffemblent , & c'eft fous ce
raport de reffemblance qu'elles font comprifes dans chaque forte particulière de figure,
c'eft-à-dire, dans la mème manière d'exprimer les penfées : toutes les expreffions métaphoriques font comprifes fous la métaphore,
elles s'y raportent ; l'idée de métaphore eft
donc une idée abftraite qui ne repréfente
aucune expreffion métaphorique en particulier, mais feulement cette forte d'idée générale que les homes fe font faite pour réduire
à une claffe à part les expreffions figurées
d'une mème efpèce , ce qui met de l'ordre &
de la nèteté dans nos penfées & abrège nos
difcours.

Il en eft de même de tous les autres noms
d'arts & de fciences : la phyfique , par exem-

ple , n'exifte point , c'eft-à-dire , qu'il n'y a point un être particulier qui foit la phyfique: mais les homes ont fait un grand nombre de réflexions fur les diférentes opérations de la nature ; & enfuite ils ont doné le nom de *fcience phyfique* au recueil ou affemblage de ces réflexions , ou plutot à l'idée abftraite à laquelle ils raportent toutes les obfervations qui regardent les êtres naturels.

Il en eft de même de *douceur* , *amertume*, *être*, *néant*, *vie* , *mort* , *mouvement*, *repos*, &c. Chacune de ces idées générales , quoiqu'on en dife , eft auffi pofitive que l'autre , puisqu'elle peut être également le fujet d'une propofition.

Come les diférens objets blans ont doné lieu à notre esprit de fe former l'idée de *blancheur*, idée abftraite , qui ne marque qu'une forte d'afection de l'esprit ; de même , les divers objets,qui nous afectent en tant de manières diférentes , nous ont doné lieu de nous former l'idée d'*être* , de *fubftance* , d'*exiftance* ; furtout , lorsque nous ne confidérons les objets que come exiftans , fans avoir égard à leurs autres propriétés particulières : c'eft le point dans lequel les êtres particuliers fe reffemblent le plus.

Les objets réels ne font pas toujours dans

la même situation, ils changent de place, ils disparoissent, & nous sentons réèlement ce changement & cette absence : alors il se passe en nous une afection réèle par laquelle nous sentons que nous ne recevons aucune impression d'un objet dont la présence excitoit en nous des éfets sensibles : delà l'idée d'*absence*, de *privation*, de *néant* : De sorte que quoique le néant ne soit rien en lui même, cependant ce mot marque une afection réèle de l'esprit, c'est une idée abstraite que nous aquérons par l'usage de la vie, à l'ocasion de l'absence des objets, & de tant de privations qui nous font plaisir ou qui nous afligent.

Dès que nous avons eu quelque usage de notre faculté de consentir ou de ne pas consentir à ce qu'on nous proposoit, nous avons consenti, ou nous n'avons pas consenti, nous avons dit *oui*, ou nous avons dit *non* : ensuite à mesure que nous avons réfléchi sur nos propres sentimens intérieurs, & que nous les avons réduits à certaines classes, nous avons apelé *afirmation* cette manière uniforme dont notre esprit est afecté quand il aquiesce, quand il consent, & nous avons apelé *néga-tion* la manière dont notre esprit est afecté quand il fent qu'il refufe de confentir à quelque jugement.

Les termes abftraits, qui font en très grand nombre, ne marquent donc que des afeƈtions de l'entendement ; ce font des opérations naturèles de l'efprit , par lesquelles nous nous formons autant de claffes diférentes des diverfes fortes d'impreffions particulières, dont nous fomes afeƈtés par l'usage de la vie. Tel eft l'home. Les noms de ces claffes diférentes ne défignent point des êtres réels qui fubfiftent hors de nous : les objets blans font des êtres réels ; mais la blancheur n'eft qu'une idée abftraite : les expreffions métaphoriques font tous les jours en ufage dans le langage des homes, mais la métaphore n'eft que dans l'esprit des Grammairiens & des Rhéteurs.

Les idées abftraites que nous aquérons par l'ufage de la vie , font en nous autant d'idées exemplaires qui nous fervent enfuite de règle & de modèle pour juger fi un objet a ou n'a pas telle ou telle propriété , c'eft-à-dire , s'il fait ou s'il ne fait pas en nous une impreffion femblable à celle que d'autres objets nous ont caufée, & dont ils nous ont laiffé l'idée ou afeƈtion habituèle. Nous réduifons chaque forte d'impreffion que nous recevons, à la claſſe à laquelle il nous paroit qu'elle ſe raporte; nous raportons toujours les nouvèles impreſſions aux anciènes; & ſi nous ne trouvons pas qu'elles puiſſent s'y raporter, nous en feſons une claſſe nouvèle ou une claſſe à part, & c'eſt delà que viè<nent tous les noms apellatifs, qui marquent des genres ou des eſpèces particulières, ce ſont autant de termes abſtraits quand on n'en fait pas l'aplication à quelque individu particulier; ainſi quand on conſidère en général le cercle, une vile, *cercle* & *vile* ſont des termes abſtraits; mais s'il s'agit d'un tel cercle, ou d'une telle vile en particulier, le terme n'eſt plus abſtrait.

Ce que nous venons de dire, que nous aquérons ces idées exemplaires par l'uſage de la vie, fait bien voir qu'il ne faut point élever les jeunes gens dans des ſolitudes,& qu'on doit ne leur montrer que du bon & du beau autant qu'il eſt poſſible. C'eſt un avantage que les enfans des grans ont au deſſus des enfans des autres homes; ils voient un plus grand nombre d'objets, & il y a plus de choix dans ce qu'on leur montre; ainſi ils ont plus d'idées exemplaires, & c'eſt de ces idées que ſe forme le gout. Un jeune home qui n'auroit vu que d'excélens tableaux n'admireroit guère les médiocres.

En termes d'aritmétique, quand on dit *trois louis*, *dix homes*, en un mot, quand on aplique le nombre à quelque fujet particulier, ce nombre eft apelé *concret*, au lieu que fi l'on dit *deux & deux font quatre*, ce font là des nombres abftraits, qui ne font unis à aucun fujet particulier. On confidère alors par abftraction le nombre en lui même, ou plutot l'idée de nombre que nous avons aquife par l'usage de la vie.

Tous les objets qui nous environent & dont nous recevons des impreffions, font autant d'êtres particuliers que les Philofophes apèlent des individus. Parmi cette multitude innombrable d'individus, les uns font femblables aux autres en certains points : delà les idées abftraites de genre & d'efpèce.

Remarquez qu'un individu eft un être réel que vous ne fauriez divifer en un autre lui même : Platon ne peut être que Platon : Un diamant de mile écus peut être divifé en plufieurs autres diamans, mais il ne fera plus le diamant de mile écus : cette table, fi vous la divifez, ne fera plus cette table : delà l'idée d'unité, c'eft-à-dire, l'afection de l'esprit qui conçoit l'individu dans un fens abftrait.

Obfervez encore qu'il n'eſt pas néceſſaire que j'aie vu tous les objets blans pour me former l'idée abſtraite de blancheur ; un ſeul objet blanc pouroit me faire naitre cette idée, & dans la ſuite je n'apèlerois blanc que ce qui y ſeroit conforme, come le peuple n'atribue les propriétés du ſoleil qu'à l'aſtre qui fait le jour. Ainſi il n'eſt pas néceſſaire que j'aie vu tous les cercles poſſibles, pour vérifier ſi dans tout cercle les lignes tirées du centre à la circonférence ſont égales, un objet qui n'a pas cette propriété n'eſt point un cercle, parce qu'il n'eſt pas conforme à l'idée exemplaire que j'ai aquiſe du cercle, par l'uſage de la vie, & par les réflexions que cet uſage a fait naitre dans mon eſprit.

La Fortune, le Hazard & la Deſtinée, que l'on perſonifie ſi ſouvent dans le langage ordinaire, ne ſont que des termes abſtraits. Cette multitude d'événemens, qui nous arivent tous les jours, ſans que la cauſe particulière qui les produit nous ſoit conue, a afecté notre eſprit de manière, qu'elle a excité en nous l'idée indéterminée d'une cauſe inconue que le vulgaire a apelée *Fortune, Hazard,* ou *Deſtinée* : ce ſont des idées d'imitation formées à l'exemple des idées que nous avons des cauſes réèles.

Les impreſſions que nous recevons des objets, & les réflexions que nous feſons ſur ces impreſſions par l'uſage de la vie & par la méditation ; ſont la ſource de toutes nos idées, c'eſt-à-dire, de toutes les afections de notre eſprit quand il conçoit quelque choſe, de quelque manière qu'il la conçoive : c'eſt ainſi que l'idée de Dieu nous vient par les créatures qui nous anoncent ſon exiſtance & ſes perfections : * *Cœli enarrant glóriam Dei.* ** *Inviſibília enim ipsíus per ea quæ faſta ſunt intelléſta conſpiciúntur, ſempitérna quoque ejus virtus & divinitas.* Une montre nous dit qu'il y a un ouvrier qui l'a faite, l'idée qu'elle fait naitre en moi de cet ouvrier, quelque indéterminée qu'elle ſoit, n'eſt point l'idée d'un être abstrait, elle eſt l'idée d'un être réel qui doit avoir de l'intelligence & de l'adreſſe : Ainſi l'Univers nous aprend qu'il y a un Créateur qui l'a tiré du néant, qui le conſerve, qu'il doit avoir des perfections infinies, & qu'il exige de nous de la reconoiſſance & des adorations.

Les abſtractions ſont une faculté particulière de notre eſprit, qui doit nous faire reconoitre combien nous ſomes élevés au deſſus des êtres purement corporels.

Dans

* Pſal. 18. v. 1.
** Ad Rom. 1. v. 20.

Dans le langage ordinaire on parle des abstractions de l'efprit come on parle des réali-
tés , les termes abftraits n'ont mème été inventés qu'à l'imitation des mots qui expriment des êtres phyſiques. C'eft peut-être ce
qui a doné lieu à un grand nombre d'erreurs
où les homes font tombés , faute d'avoir re-
conu que les mots dont ils fe fervoient en
ces ocaſions n'étoient que les ſignes des afections de leur efprit , en un mot, de leurs abstractions , & non l'expreſſion d'objets réels;
delà l'ordre idéal confondu avec l'ordre phyfique ; delà enfin l'erreur * de ceux qui
croient favoir ce qu'ils ignorent , & qui parlent de leurs imaginations métaphyſiques
avec la mème aſſurance que les autres homes parlent des objets réels.

Les abftractions font un pays où il y a
encore bien des découvertes à faire , & dans
lequel on feroit quelques progrès , ſi l'on ne
prenoit pas pour lumière ce qui n'eſt qu'une
féduction délicate de l'imagination, & ſi l'on
pouvoit fe rapeler fans prévention la manière dont nous avons aquis nos idées & 'nos
conoiſſances dans les premières années de
notre vie ; mais cela n'eſt pas maintenant
de mon fujet.

S

* Abſit er-
ror opinán-
tium fe fci-
re quod
néſciunt.
*Aug.*in En-
chirid. ad
Laur.de Fi-
de , Spe, &
Char. cap.
59.tom.VI.
p. 218. Pa-
ris. 1685.

*Réflexions fur les abftractions , par raport à
la manière d'enfeigner.*

Come c'eft aux Maitres que j'adreffe cet
ouvrage , je crois pouvoir ajouter ici quelques réflexions par raport à la manière d'enfeigner. Le grand art de la Didactique , *
c'eft de favoir profiter des conoiffances qui
font dèja dans l'esprit de ceux qu'on veut
inftruire , pour les mener à celles qu'ils n'ont
point ; c'eft ce qu'on apèle aler du conu à
l'inconu. Tout le monde convient du principe , mais dans la pratique on s'en écarte , ou
faute d'atention , ou parce qu'on fupofe dans
les jeunes gens des conoiffances qu'ils n'ont
point encore aquifes. Un métaphyficien qui
a médité fur l'infini , fur l'être en général ,
&c , perfuadé , que ce font là autant d'idées
innées, parce qu'elles font faciles à aquérir &
qu'elles lui font familières , ne doute point
que ces conoiffances ne foient auffi familières au jeune home qu'il inftruit , qu'elles le
font à lui même ; fur ce fondement , il parle
toujours ; on ne l'entend point , il s'en étone;
il élève la voix , il s'épuife , & on l'entend

---

* La Didactique , c'eft l'art d'enfeigner, Διδακτικὸς , aptus
ad docéndum Διδάσκω , dóceo.

encore moins. Que ne fe rapèle-t-il les premières années de fon enfance? Avoit-il à
cet âge des conoiffances aufquelles il n'a pen-
fé que dans la fuite, par le fecours des réflexions, & après que fon cerveau a eu aquis un
certain degré de confiftance? En un mot, co-
noiffoit-il alors ce qu'il ne conoiffoit pas encore, & ce qui lui a paru nouveau dans la
fuite, quelque facilité qu'il ait eue à le concevoir?

Nous avons befoin d'impreffions particulières, & pour ainfi dire, préliminaires, pour
nous élever enfuite par le fecours de l'expérience & des réflexions, jufqu'à la fublimité
des idées abftraites: Parmi celles-ci, les unes
font plus faciles à aquérir que les autres, l'u-
fage de la vie nous mène à quelques-unes
presque fans réflexion, & quand nous
venons enfuite à nous apercevoir que nous
les avons aquifes, nous les regardons come
nées avec nous.

Ainfi il me paroit qu'après qu'on a aquis
un grand nombre de conoiffances particulières dans quelque art ou dans quelque fcience
que ce foit, on ne fauroit rien faire de plus
utile pour foi même, que de fe former des
principes d'après ces conoiffances particuliè-

res, & de mettre par cette voie, de la néteté,
de l'ordre, & de l'arangement dans ses penſées.

Mais quand il s'agit d'inſtruire les autres,
il faut imiter la nature ; elle ne comence
point par les principes & par les idées abstraites : ce ſeroit comencer par l'inconu ;
elle ne nous done point l'idée d'*animal* avant
que de nous montrer des oiſeaux, des chiens,
des chevaux, &c. Il faut des principes : oui
ſans doute ; mais il en faut en tems & lieu.
Si par principes vous entendez des règles, des
maximes, des notions générales, des idées
abſtraites qui renferment des conoiſſances
particulières, alors je dis qu'il ne faut point
comencer par de tels principes.

Que ſi par principes vous entendez des notions comunes, des pratiques faciles, des
opérations aiſées qui ne ſupoſent dans vôtre
élève d'autre pouvoir ni d'autres conoiſſances que celles que vous ſavez bien qu'il a
dèja ; alors, je conviens qu'il faut des principes, & ces principes ne ſont autre choſe que
les idées particulières qu'il faut leur doner,
avant que de paſſer aux règles & aux idées
abſtraites.

Les règles n'aprènent qu'à ceux qui ſavent
dèja, parce que les règles ne ſont que des

obſervations ſur l'uſage , ainſi comencez par
faire lire les exemples des figures avant que
d'en doner la définition.

Il n'y a rien de ſi naturel que la Logique
& les principes ſur leſquels elle eſt fondée; cependant les jeunes logiciens ſe trouvent come
dans un monde nouveau dans les premiers
tems qu'ils étudient la Logique , lorsqu'ils
ont des maitres qui comencent par leur doner
en abrégé le plan général de toute la philoſophie ; qui parlent de *ſcience* , de *percéption,*
d'*idée* , de *jugement* , de *fin* , de *cauſe* , de *catégorie,*
d'*univerſaux* , de *degrés métaphyſiques* , &c, come
ſi c'étoient là autant d'êtres réels , & non de
pures abſtractions de l'eſprit. Je ſuis perſuadé
que c'eſt ſe conduire avec beaucoup plus de
méthode , de comencer par mètre , pour
ainſi dire, devant les yeux quelques-unes des
penſées particulières qui ont doné lieu de
former chacune de ces idées abſtraites.

J'eſpère traiter quelque jour cet article plus
en détail & faire voir que la méthode anali-
tique eſt la vraie mèthode d'enſeigner, & que
celle qu'on apèle ſynthétique ou de doctrine ,
qui comence par les principes , n'eſt bone
que pour mètre de l'ordre dans ce qu'on ſait
dèja ou dans quelques autres ocaſions qui ne
ſont pas maintenant de mon ſujet.

XXXXXXXXXXXXXXXXXXXXXXXXXXXXXX

XII.

DERNIERE OBSERVATION.

S'il y a des mots Synonimes.

NOus avons vu qu'un mème mot peut avoir par figure d'autres fignifications que celle qu'il a dans le fens propre & primitif : *voiles* peut fignifier *vaiffeaux*. Ne fuit-il pas delà qu'il y a des mots fynonimes, & que *voiles* eft fynonime à *vaiffeaux* ?

Monfieur l'Abé Girard a dèja examiné cette queftion, dans le difcours préliminaire qu'il a mis à la tête de fon Traité *de la juf-teffe de la langue françoife.* Je ne ferai guère ici qu'un extrait de fes raifons, & je prendrai même la liberté de me fervir fouvent de fes termes ; me contentant de tirer mes exemples de la langue latine. Le Lecteur trouvera dans le livre de M. l'Abé Girard dequoi fe fatisfaire pleinement fur ce qui regarde le françois.

A Paris ; chez d'Hou-ry. 1718.

» On entend comunément par *fynonimes* » les mots qui ne diférant que par l'articula- » tion de la voix , font femblables par l'idée » qu'ils expriment. Mais y a-t-il de ces fortes » de mots ? Il faut diftinguer :

» Si vous prenez le terme de *fynonime* dans id. p. 26.
& 27.
» un fens étendu pour une fimple reffemblan-
» ce de fignification, il y a des termes fyno-
» nimes, c'eft-à-dire, qu'il y a des mots qui
» expriment une même idée principale : « *fer-
re*, *bajuláre*, *portáre*, *tóllere*, *fuftinére*, *gérere*,
geftáre, feront en ce fens autant de fynoni-
mes.

Mais fi par *fynonimes*, vous entendez des p. 28.
mots qui ont » une reffemblance de figni-
»fication fi entière & fi parfaite, que le fens
» pris dans toute fa force & dans toutes fes
» circonftances foit toujours & abfolument
» le même, enforte qu'un des fynonimes ne
»fignifie ni plus ni moins que l'autre ;
» qu'on puiffe les employer indiféramment dans
» toutes les ocafions, & qu'il n'y ait pas plus
» de choix à faire entre eux pour la fignifi-
»cation & pour l'énergie qu'entre les goutes
» d'eau d'une même fource pour le gout &
» pour la qualité : dans ce fecond fens il n'y
» a point de mots fynonimes en aucune lan-
» gue. « Ainfi *ferre*, *bajuláre*, *portáre*, *tóllere*,
fuftinére, *gérere*, *geftáre*, auront chacun leur
deftination particulière : en éfet,

Ferre, fignifie porter, c'eft l'idée principale.

S iiij

Bajuláre, c'eft porter fur les épaules ou fur le cou.

Portáre fe dit proprement lorsqu'on fait porter quelque chofe fur des bêtes de fome, fur des charètes ou par des crocheteurs. *Portári dicimus ea quæ quis juménto fecum ducit.* Voyez le titre XVI. du cinquantième livre du Digefte *de verbórum fignificatióne.*

Tite Live,l. xxxviii.n. 5. Feftus, v. Toliéno. *Tóllere*, c'eft lever en haut ; d'où vient le fubftantif *tolléno*, *ónis*, c'eft une machine à tirer de l'eau d'un puits.

Suftinére, c'eft foutenir, porter pour empêcher de tomber.

Corn. Nep. l. 4. 3. *Gérere*, c'eft porter fur foi : *Gáleam gérere in cápite.*

Geftáre vient de *gérere*, c'eft faire parade de ce qu'on porte.

Malgré ces diférences, il arive fouvent que dans la pratique on emploie ces mots l'un pour l'autre par figure, en confervant toujours l'idée principale & en aïant égard à l'ufage de la langue ; mais ce qui fait voir qu'à parler exactement ces mots ne font pas fynonimes, c'eft qu'il n'eft pas toujours permis de mètre indiférament l'un pour l'autre. Ainfi quoi qu'on dife *morem gérere*, on ne diroit pas *morem ferre* ou *morem portáre*, &c.

Les Latins fentoient mieux que nous ces diférences délicates , dans le tems même qu'ils
ne pouvoient les exprimer , *nihil inter factum
& geftum intereft, licet videátur quædam fubtilis dif-
feréntia* , dit un ancien Jurifconfulte. D'autres
ont remarqué que *acta próprie ad togam fpectant,
gefta ad militiam.* Varron dit que c'eft une erreur de confondre *ágere* , *fácere* & *gérere* , &
qu'ils ont chacun leur deftination particulière. *

Nous avons quelques recueils des anciens
Grammairiens fur la propriété des mots latins : Tels font Feftus *de verbórum fignificatióne* ;
Nonius Marcellus *de váriâ fignificatióne fermó-
num.* Voyez *Grammátici véteres.*

On peut encore confulter un autre recueil
qui a pour titre *Autóres linguæ latínæ.* De plus,
nous avons un grand nombre d'obfervations
répandues dans Varron *de linguâ latínâ* , dans
les comentaires de Donat & de Servius : elles

L. licet. 58.
Digeft. de
verbórum
fignificatió-
ne.

---

* Propter fimilitúdinem agéndi , & faciéndi , & geréri-
di, quidam error his qui putant effe unum : poteft enim quis
áliquid fácere & non ágere · ut poéta *facit* fábulam & non
agit ; contra actor *agit* & non *facit* , & fic à poéta fábula
fit & non *ágitur* , ab actóre *ágitur* & non *fit* : contra Imperátor qui dícitur res gérere in eo neque *agit*, neque *facit*,
fed *gerit*, id eft fúftinet : tranflátum ab his qui ónera gerunt
quód fúftinent. *Varr.* de ling. lat. l. v. fub finem.

font voir les diférences qu'il y a entre plufieurs mots que l'on prend comunément pour fynonimes. Quelques auteurs modernes ont fait auffi des réflexions fur le mème fujet, tels font le P. Vavaffeur Jéfuite dans fes remarques fur la langue latine, Sciopius, Henri Etiène, *de latinitáte falsò fufpéctâ*, & plufieurs autres.

On tire auffi la mème conféquence de plufieurs paffages des meilleurs auteurs ; voici deux exemples tirés de Cicéron, qui font voir la diférence qu'il y a entre *amáre & diligere*.

Quis erat qui putáret ad eum amórem quem erga te habébam, poffe áliquid accédere ? Tantum accéffit, ut mihi nunc dénique amáre videar, ánteà dilexiffe. » Qui l'auroit pu croire, dit Cicéron, que » l'afection que j'avois pour vous eut pu rece- » voir quelque degré de plus : cependant elle » eft fi fort augmentée que je fens bien qu'à » la vérité vous m'étiez cher autrefois, mais » qu'aujourd'huy je vous aime tendrement. «

Et au livre 13. Ep. 47. *Quid ego tibi comméndem eum quem tu ipfe diligis ; fed tamen, ut fcires eum non à me diligi folum, verum étiam amári, ob eam rem tibi hæc fcribo.* » Vous l'aimez, mais je » l'aime encore davantage ; & c'eft pour cela » que je vous le recomande. «

Voilà une diférence bien marquée entre

amáre & *diligere* ; Cicéron obferve ailleurs qu'il y a de la diférence entre *dolére* & *laboráre*, lors même que ce dernier mot eft pris dans le fens du premier : *Intereft áliquid inter labó- rem & dolórem , funt finítima omníno , fed tamen differt áliquid : labor eft functio quædam vel ánimi vel córporis , gravióris óperis vel múneris ; dolor au- tem motus afper in córpore . . . áliud inquam eft dolére, áliud laboráre. Cum várices fecabántur Cn. Mário, dolébat ; cum æftu magno ducébat agmen , laborábat.*

Tufcul. l.2. n. 15.

Les favans ont obfervé de pareilles difé- rences entre plufieurs autres mots , que les jeunes gens & ceux qui manquent de gout & de réflexion regardent come autant de fyno- nimes. Ce qui fait voir qu'il n'eft peut - être pas auffi utile qu'on le penfe de faire le thè- me en deux façons.

M. de la Bruyère remarque » qu'*entre toutes* » *les diférentes expreffions qui peuvent rendre une feule* » *de nos penfées , il n'y en a qu'une qui foit la bone :* » *que tout ce qui ne l'eft point eft foible & ne fatis-* » *fait pas un home d'efprit.* Ainfi ceux qui fe font doné la peine de traduire les auteurs latins en un autre latin, en afectant d'éviter les termes dont ces auteurs fe font fervis, auroient pu s'épargner un travail qui gâte plus le gout qu'il n'aporte de lumière. L'une

Caract. des Ouv. de l'efprit.

& l'autre pratique est une fécondité stérile qui empêche de sentir la propriété des termes, leur énergie, & la finesse de la langue, co ne je l'ai remarqué ailleurs.

Lucus veut dire un bois consacré à quelque divinité ; *Sylva*, un bois en général : Virgile ne manque pas à cette distinction ; mais le Traducteur latin est obligé de s'écarter de l'exactitude de son original.

Virg. Ecl. 6.
v. 73.

Ne quis sit lucus quo se plus jactet Apóllo.

Ainsi parle Virgile. Voici coment on le traduit, *Ut nulla sit sylva, quâ magis Apóllo gloriétur.*

Nex, *necis*, vient de *necáre*, & se dit d'une mort violente : au lieu que *mors* signifie simplement la mort, la cessation de la vie. Virgile dit parlant d'Hercule :

Æn. 8. v.
202.

. . . . . Nece Geryonis spoliísque superbus :

Mais son traducteur est obligé de dire *morte Geryonis.*

Je pourois raporter un grand nombre d'exemples pareils : je me contenterai d'observer que plus on fera de progrès, plus on reconoitra cet usage propre des termes, & par conséquent l'inutilité de ces versions qui ne font ni latines ni françoises. Ce n'est que pour inſpirer le goût de cette propriété des mots, que je fais ici cette remarque.

Voici les principales raiſons pour lesquelles il n'y a point de ſynonimes parfaits.

1. S'il y avoit des ſynonimes parfaits, il y auroit deux langues dans une même langue. Quand on a trouvé le ſigne éxact d'une idée, on n'en cherche pas un autre. Les mots anciens, & les mots nouveaux d'une langue ſont ſynonimes : *maints* eſt ſynonime de *pluſieurs* ; mais le premier n'eſt plus en uſage : c'eſt la grande reſſemblance de ſignification qui eſt cauſe que l'uſage n'a conſervé que l'un de ces termes, & qu'il a rejeté l'autre come inutile. L'uſage, ce tiran des langues, y opère ſouvent des merveilles que l'autorité de tous les ſouverains ne pouroit jamais y opérer.

2. Il eſt fort inutile d'avoir pluſieurs mots pour une ſeule idée ; mais il eſt très avantageux d'avoir des mots particuliers pour toutes les idées qui ont quelque raport entre elles.

3. On doit juger de la richeſſe d'une langue par le nombre des penſées qu'elle peut exprimer, & non par le nombre des articulations de la voix. Une langue ſera vérita-

blement riche, fi elle a des termes pour distinguer, non feulement les idées principales,
mais encore leurs diférences , leurs délica-
teffes, le plus & le moins d'énergie, d'étendue, de précifion, de fimplicité, & de compofition.

4. Il y a des ocafions, où il eft indiférent
de fe fervir d'un de ces mots qu'on apèle
fynonimes, plutot que d'un autre ; mais auffi
il y a dés ocafions, où il eft beaucoup mieux
de faire un choix : il y a donc de la diférence
entre ces mots ; ils ne font donc pas exactement fynonimes.

Lorfqu'il ne s'agit que de faire entendre
l'idée comune, fans y joindre ou fans en exclure les idées acceffoires ; on peut employer indiftinctement l'un ou l'autre de ces
mots, puifqu'ils font tous deux propres à exprimer ce qu'on veut faire entendre ; mais
cela n'empéche pas que chacun d'eux n'ait
une force particulière qui le diftingue de
l'autre ; & à laquelle il faut avoir égard felon
le plus ou le moins de précifion que demande
ce que l'on veut exprimer.

Ce choix eft un éfet de la fineffe de l'esprit,
& fupofe une grande conoiffance de la
langue.

FIN.

TABLE

SECONDE PARTIE.

Des Tropes en particulier.

TROISIEME PARTIE.

DEs autres sens dans lesquels un même mot peut être employé dans le discours. page 207.

TABLE.

Fin de la Table.

XXXXXXXXXXXXXXXXXXXXXXXXXXXXXXXXXXXXXXXXX

APROBATION.

J'Ai lu par ordre de Monseigneur le Garde des Sceaux
le Manuscrit, qui a pour titre, *Les véritables principes de la Grammaire, ou Nuvèle Grammaire raisonée,*
&c. Cet ouvrage, où l'on remarque un système original &
bien lié, ne peut être que le fruit d'un travail & d'une
méditation de plusieurs années. Je suis persuadé par l'examen que j'en ai fait avec une atention singulière, que le
public en trouvera la pratique très utile & très aisée en mème tems, & qu'il tirera de grands secours des avis sages &
judicieux qui sont répandus dans cet ouvrage. Fait à Paris
ce 21 de Mai 1729.   DEMORET.

PRIVILEGE DU ROY.

LOUIS, PAR LA GRACE DE DIEU, ROI DE FRANCE ET DE NAVARRE : A nos Amez & feaux Conseillers, les Gens tenans nos Cours de Parlement, Maîtres des Requêtes ordinaires de nôtre Hôtel, Grand - Conseil, Prévôt de Paris, Baillifs, Sénéchaux, leurs Lieutenans Civils & autres nos Justiciers qu'il apartiendra, SALUT. Notre bien amé le Sieur DU MARSAIS, Nous aïant fait remontrer qu'il auroit composé un ouvrage qui a pour titre, *Les véritables principes de la Grammaire, ou nouvèle Grammaire raisonée*, qu'il souhaiteroit faire imprimer & doner au public, s'il Nous plaisoit lui accorder nos Lettres de Privilége sur ce nécessaires, offrant pour cet effet de faire imprimer en bon papier & beaux caracteres, suivant la feüille imprimée & attachée pour modéle sous le contre-scel des Présentes. A ces Causes, voulant traiter favorablement ledit Exposant, Noüs lui avons permis & permettons par ces Presentes, de faire imprimer ledit Livre cy-dessus specifié, en un ou plusieurs volumes ; conjointement ou séparement, & autant de fois que bon lui semblera, sur papier & caractères conformes à ladite feuille imprimée & attachée sous notre contre-scel, & de le faire vendre & débiter par tout notre Royaume, pendant le tems de huit années consecutives, à compter du jour de la datte desdites Présentes ; faisons défenses à toutes sortes de Personnes, de quelque qualité & condition qu'elles soient, d'en introduire d'impression étrangere dans aucun lieu de notre obéïssance ; comme aussi à tous Imprimeurs, Libraires & autres d'imprimer, faire imprimer, vendre, faire vendre, debiter ni contrefaire ledit livre ci-dessus exposé, en tout ni en partie, d'en faire aucuns extraits sous quelque pretexte que ce soit, d'augmentation, correction, changement de titre, sans la permission expresse & par écrit dudit Exposant ou de ceux qui auront droit de lui, à peine de confiscation desdits Exemplaires contrefaits, de quinze cens livres d'amende contre chacun des contrevenans, dont un tiers à Nous, un tiers à l'Hôtel-Dieu de Paris, & l'autre tiers audit Exposant, & de tous dépens, domages & interêts ; à la charge que ces présentes seront enregistrées tout au long fur le Regiftre de la Communauté des Libraires & Imprimeurs de Paris, dans trois mois de la datte d'icelles ; que l'impreffion de ce Livre fera faite dans notre Royaume & non ailleurs ; & que l'Impetrant fe conformera en tout aux Réglemens de la Librairie, & notamment à celui du dixiéme Avril 1725. Et qu'avant de l'expofer en vente, le manufcrit ou l'imprimé qui aura fervi de copie à l'impreffion dudit Livre, fera rem.s dans le même état où l'aprobation y aura été donée, és mains de notre très-cher & féal Chevalier Garde des Sceaux de France, le fieur Chauvelin ; & qu'il en fera enfuite remis deux Exemplaires dans notre Bibliotheque publique, un dans celle de notre Château du Louvre, & un dans celle de notre très-cher & féal Chevalier Garde de Sceaux de France, le fieur Chauvelin, le tout à peine de nullité des Prefentes ; du contenu defquelles vous mandons & enjoignons de faire jouir l'Expofant ou fes ayans caufe, pleinement & paifiblement, fans fouffrir qu'il leur foit fait aucun trouble ou empêchement. Voulons que la copie defdites Prefentes, qui fera imprimée tout au long au commencement ou à la fin dudit Livre, foit tenue pour duement fignifiée, & qu'aux copies collationées par l'un de nos amez & feaux Confeillers & Secretaires, foi foit ajoutée come à l'Original. Comandons au premier notre Huiffier ou Sergent de faire pour l'execution d'icelles tous Actes requis & neceffaires, fans demander autre permiffion, nonobftant Clameur de Haro, Chárte-Normande, & Lettres à ce contraires ; C A R tel eft notre plaifir. Donné à Paris le troifiéme jour du mois de Juin, l'an de grace mil fept cens vingt-neuf, & de notre Regne le quatorziéme.

Par le Roi en fon Confeil.

S A I N S O N.

Regiftré fur le Regiftre VII. de la Chambre Royale & Syndicale de la Librairie & Imprimerie de Paris, N° 363. fol. 307. conformément au Reglement de 1723. A Paris le fept Juin 1729.

P. A. LE MERCIER, Syndic.